Anton Vögtle

Das Buch mit den sieben Siegeln

Anton Vögtle

Das Buch mit den sieben Siegeln

*Die Offenbarung des Johannes
in Auswahl gedeutet*

Herder

Freiburg · Basel · Wien

Zweite, durchgesehene Auflage

Umschlagbild: Christus in der Vision der Apokalypse.
Glasgemälde (13. Jh.) in der Kathedrale zu Bourges
(Foto: Herder Archiv)

Imprimatur. – Freiburg im Breisgau, den 6. Oktober 1981
Der Generalvikar: Dr. Schlund
Herstellung: Freiburger Graphische Betriebe 1985
ISBN 3-451-19426-0

Vorwort des Verfassers

Welche Stunde ist es auf der Weltenuhr? Bis man entdeckte, daß die sogenannte „Offenbarung des Johannes" mit ihrer Bildsprache und ihren bisweilen ins Groteske gesteigerten Szenen von den Sprach- und Stilformen einer besonderen Literaturgattung, nämlich der alttestamentlich-jüdischen Apokalyptik her zu verstehen ist, war das jahrhundertelang eine der Hauptfragen, die man an die neutestamentliche „Apokalypse" stellte. Eine Antwort auf diese neugierige Frage läßt sich aus ihrer Endzeitprophetie in der Tat nicht ablesen. Das zählt zu den sicheren Erkenntnissen der neueren Forschung. So hat beispielsweise die Vision vom dämonenhaften Heuschreckenheer sicher nicht die Düsenjäger unseres Jahrhunderts im Auge, sowenig wie etwa die Türkenheere des 16. Jahrhunderts. Durch den heute gebotenen Verzicht auf eine direkt welt- und kirchengeschichtliche Deutung des Buches hat dieses indes keineswegs an besonderer Aktualität verloren. „Einen unbedingten Sinn zu retten ohne Gott, ist eitel." So frank und frei meinte Max Horkheimer als gewiß unverdächtiger Kenner der heutigen Szene den Anspruch aller rein innerweltlichen und innergeschichtlichen Messianismen und Heilsentwürfe relativieren zu müssen. Allein durch das Eingreifen Gottes, dessen ruhevolle Majestät und absolute Macht auch die ruhelosen finsteren Gegenspieler zu Werkzeugen in seiner Hand werden läßt, wird die Geschichte ihre Erfüllung finden: weil Gott „dem Lamm" das siebenfach versiegelte Buch, das heißt Macht und Auftrag, die Erlösung der

Welt zu vollenden, übergeben hat. Das ist die bleibende Botschaft unserer einst für eine bedrohliche Situation des ausgehenden 1. Jahrhunderts geschriebenen Apokalypse. Sie ist das Bekenntnis einer Christenheit, die nicht zweifelnd vor Gott steht, der so viel Böses und Schreckliches auf der Erde zuläßt, vielmehr mit unerschütterlicher Hoffnung auf die Erfüllung der Heilszusage Gottes ausblickt. Dieses urchristliche Glaubenszeugnis in den Kontext der Existenz des Glaubenden und des Lebens der Kirche einzubinden, ist mit ein Anliegen der Sinnerschließung dieses Buches, das mit seinen Bildern und Szenen hinsichtlich des Verständnisses wie des Anspruchs den nüchtern denkenden Menschen unserer Zeit einfach zu überfordern scheint.

Der mit den Vorstellungen und Ausdrucksformen apokalyptischer Verkündigung weniger vertraute Leser wird die lange Folge der „Visionen" und „Auditionen" dieses Buches nur zu leicht als zusammenhangloses, ja verwirrendes Vielerlei empfinden. Erst eine Zusammenschau der einzelnen Teile vermag den Blick für die Gesamtkomposition und damit für das eigentliche Anliegen des Verfassers zu öffnen. Deshalb bin ich dem Ersuchen des Verlags Herder nachgekommen, die seit Advent 1979 in der Wochenzeitschrift „Christ in der Gegenwart" erschienene Artikelfolge – in etwas überarbeiteter Fassung – als Buch einem weiteren Leserkreis vorzulegen. Der Versuch einer vollständigen und eingehenderen Erklärung der „Offenbarung des Johannes" bleibt dem Kommentar im „Regensburger Neuen Testament" vorbehalten.

Anton Vögtle

Inhalt

Die Offenbarung des Johannes

Deutung

Vorwort: 1, 1–3

1 Offenbarung Jesu Christi, die Gott ihm gab, um seinen Knechten zu zeigen, was bald geschehen muß; er hat es durch seinen Engel, den er sandte, seinem Knecht Johannes angezeigt.

2 Dieser bezeugte das Wort Gottes und das Zeugnis Jesu Christi: alles, was er sah.

3 Selig, der die Worte der Prophetie vorliest und die sie hören und sich an das halten, was in ihr geschrieben steht: denn die Zeit ist nahe.

Es ist schon ein besonderes Buch, das dieser Johannes etwa 95 n. Chr. geschrieben hat. Nicht umsonst ist es neben dem etwas älteren lukanischen Doppelwerk (vgl. Lk 1, 1–4) die einzige neutestamentliche Schrift geblieben, die ein *„Vorwort"* aufweist. Die urchristliche Verkündigung der noch ausstehenden Vollendung des Erlösungswerkes Christi hatte sich zwar immer schon auch typisch „apokalyptischer" Ausdrucksweisen und Vorstellungen bedient. Etwas Erstmaliges im christlichen Schrifttum war aber allem nach die Abfassung einer selbständigen apokalyptischen Schrift. Schon das wäre Grund genug gewesen, daß Johannes in einem „Vorwort" über Herkunft, Inhalt und Bedeutung seiner Schrift Rechenschaft geben wollte. Dazu mußte er sich auch im Hinblick auf seine literarischen Vorbilder gedrängt sehen. Das waren die zahlreichen jüdischen Apokalypsen, die vor allem seit der kanonischen Danielapokalypse (Dan 7–12) entstanden waren und ja längst den Anspruch erhoben hatten, den Endausgang der Geschichte zu enthüllen. Diese jüdischen Schriften, die die technisch gewordene Gattungsbezeichnung „Apokalypse" (vom griech. apokálypsis = Enthüllung, Offenbarung) übrigens unserer Johannesschrift verdanken, konnten aber noch nicht verkünden, daß der Messias = der Christus schon gekommen ist und die endgültige Aufrichtung der Herrschaft Gottes bereits eingeleitet hat.

Eben diese siegesgewisse Glaubensüberzeugung markiert den fundamentalen Neuansatz unserer christlichen Apokalypse. „Offenbarung Jesu Christi" steht deshalb als eine Art Überschrift betont am Anfang des in rhythmischer Prosa gehaltenen Vorwortes. Es geht um die von Gott ausgehende und durch Jesus Christus erfolgte Offenbarung des Endgeschehens. Warum dann aber der heutige Buchtitel „Offenbarung des Johannes"? Im Verlauf der Sammlung und Kanonisierung ältester christlicher Schriften mußte man diesen Überschriften geben, um sie voneinander unterscheiden zu können. So wurden sie beispielsweise mit „Evangelium nach Matthäus", „Taten der Apostel" betitelt. Der damals gewählte Titel „Offenbarung des Johannes" ist eine abkürzende Bezeichnung, die durchaus gerechtfertigt ist. Während die Verfasser altbiblischer Apokalypsen aus mehr als einem Grund unter dem Namen eines längst verstorbenen Gottesmannes wie Henoch, Abraham, Daniel, Baruch usw. schrieben, ist „Johannes" der wahre Name des Verfassers.

Eben dieser Johannes führt sich als den unmittelbaren Empfänger und wahrheitsgetreuen Übermittler einer für alle Gläubigen bestimmten Offenbarung ein (V 1–2). Er kennzeichnet das von ihm schriftlich Bezeugte nachdrücklich als „das Wort Gottes und das Zeugnis Jesu Christi", das heißt als das durch Jesus Christus bezeugte Wort Gottes. Er fügt auch gleich hinzu, auf welche Weise er diese Offenbarung empfing, nämlich durch das für einen Apokalyptiker

charakteristische Schauen symbolischer Bilder und gleich-
nishafter Szenen: „alles, was er sah". Er hätte noch hinzufügen können: „und was er hörte"; denn die in der alttestamentlichen Prophetie vorherrschende Offenbarung durch
das Wort fehlt auch bei ihm keineswegs. Diese Offenba-
rungsweise hatte er indes schon in Vers 1 einschlußweise
genannt mit dem Satz: „er hat es durch seinen Engel, den er
sandte, seinem Knecht Johannes angezeigt". Dieser Engel ist
der seit Ezechiel und Daniel bekannte „Deuteengel", der
dem prophetischen Seher bisweilen über den Sinn des Geschauten Auskunft gibt.

Die angeschlossene Seligpreisung (V 3) – die erste von insgesamt sieben – verweist die Hörer auf die aktuelle Bedeutung des Inhalts des Buches. Als echt prophetische Schrift
soll dasselbe gleich den Prophetenbüchern Israels im Gottesdienst vorgelesen werden. Die in der Seligpreisung be-
schlossene Mahnung, diese prophetischen Worte wirklich
zu hören und im Leben zu bewähren, ist von höchster
Dringlichkeit. Denn der „Kairos", die entscheidungsgela-
dene Zeit des Endes, ist „nahe", wie Johannes in perspekti-
vischer Verkürzung echt prophetischer Rede ausruft (V 3)
und im Schlußabschnitt seines Buches nochmals wiederho-
len wird (22, 10). Das von Gott geplante Endgeschehen
meinte er ja schon, als er in Vers 1 die Danielwendung „was
in den letzten Tagen geschehen muß" (so lautet Dan 2, 28 in
der griechischen Übersetzung des Alten Testaments, der sogenannten Septuaginta, die im Folgenden mit der Abkür-
zung G gemeint ist) wiedergab mit „was *bald* geschehen
muß". Ist unsere Apokalypse aber nicht schon deshalb als
Falschprophetie erwiesen und für uns erledigt, weil die Pa-
rusie Christi nicht schon bald folgte, ja bis heute auf sich
warten läßt? Ein bereitwilliges Eingehen auf das höchst aktuelle Anliegen und die diesem zugeordnete literarische Eigen-
art des Buches wird uns eines Besseren belehren können.

Briefliche Einleitung: 1, 4–8

4 Johannes an die sieben Gemeinden in der (Provinz) Asia.
Gnade sei euch und Friede von Ihm, der ist und der war und
der kommt, und von den sieben Geistern vor seinem Thron
5 und von Jesus Christus, dem treuen Zeugen, dem Erstge-
borenen der Toten, dem Herrscher über die Könige der Erde.
Dem, der uns liebt und uns von unseren Sünden befreit hat
durch sein Blut
6 – und er hat uns zu einem Königtum, zu Priestern für
Gott und seinen Vater gemacht –
Ihm ist die Herrlichkeit und die Macht in alle Ewigkeit.
Amen.
7 Siehe, er kommt mit den Wolken, und jedes Auge wird
ihn sehen, auch jene, die ihn durchbohrt haben, und alle
Völker der Erde werden seinetwegen jammern und klagen.
Ja, Amen!
8 Ich bin das Alpha und das Omega, spricht Gott, der Herr,
der ist und der war und der kommt, der Allherrscher.

Man könnte erwarten, daß Johannes nach dem „Vorwort"
zur Ich-Form übergeht und nun sagt, wo und wann er das
und das „sah" und „hörte" – wie etwas später, nämlich
1, 9 ff, denn auch zu lesen ist. Statt dessen folgt auf das Vorwort eine briefliche Einleitung. Noch augenfälliger als jenes
signalisiert dieser Neueinsatz die gar nicht so einfache
schriftstellerische Situation, vor der Johannes stand, als er
zum Federkiel griff. Der (wirkliche und uneigentliche) Brief
und die Evangelienschrift waren längst geläufige und aner-

kannte Gattungen christlicher Verkündigungsschriften. Nicht einmal die sogenannte Apostelgeschichte fiel gänzlich aus der Reihe; ihr Verfasser verstand sie ja als Fortsetzung seines Evangeliums, die dem Erdenwirken Jesu eine missionarisch werbende Darstellung der anfänglichen Ausbreitung der Christusbotschaft durch das Wirken des erhöhten Herrn folgen ließ. Eine selbständige apokalyptische Schrift brachte demgegenüber eine bislang nicht verwendete Gattung zum Zug. Johannes mußte sich also fragen, wie er diese literarische Neuheit am besten anbringen kann. Von den beiden anerkannten Gattungen kam nur der Brief in Betracht. Er kleidete seine Apokalypse also in die Form eines Briefes. Die Briefform erlaubte es ihm zugleich, die Empfänger zu nennen, die er in erster Linie ansprechen wollte, nämlich die kleinasiatischen Gemeinden (V 4 a), die die verstärkte Forderung des Kaiserkultes unter Domitian (81–96 n. Chr.) eine schwere Prüfung befürchten läßt. Die Briefform gilt deshalb als Hauptargument für die heute oft vertretene Auffassung, Johannes habe bei der Niederschrift mit dem Briefeingang (V 4 a), dem der briefliche Schlußwunsch als letzter kurzer Satz des Buches (22, 21) entspricht, begonnen und dem Ganzen erst nachträglich das Vorwort (1, 1–3) vorangestellt, um seine Schrift doch schon vorweg als das zu kennzeichnen, was sie der Form und ihrem hauptsächlichen Inhalt nach auch ist: eine Apokalypse, und zwar eine christliche Apokalypse. Daß er das Vorwort erst nach der Niederschrift verfaßte, könnte schon die Vergangenheitsform „Dieser (Johannes) bezeugte ...“ (1, 2 a) verraten. Hätte er mit dem Vorwort begonnen, wäre das präsentische „bezeugt“ entschieden mehr angebracht.

Der Brief richtet sich an sieben Gemeinden „in der Asia“. Damit ist die römische Provinz „Asia“ gemeint, die bei der Neuordnung unter Kaiser Augustus im Jahre 27 v. Chr. senatorische Provinz wurde und vor allem das westliche

Kleinasien umfaßte. Die in diesem Buch oft verwendete „sieben" galt als die Zahl heiliger Fülle und Totalität. In „den sieben", später (1, 11) namentlich genannten Gemeinden wird deshalb zugleich die ganze Kirche angesprochen.

Was im Vergleich zu sonstigen neutestamentlichen Briefzuschriften aber besonders auffällt: der Absender stellt sich lediglich mit seinem Namen „Johannes" vor, ohne durch eine nähere Kennzeichnung, etwa gar durch den Aposteltitel, eine autoritative Bedeutung seiner Person geltend zu machen. Auch im „Vorwort" genügte es ihm, sich als „Knecht" Jesu Christi einzuführen. Dieser Johannes, der sich fast ständig der Worte und der Darstellungsmodelle alttestamentlicher Schriften und außerkanonischer Apokalypsen bediente, war sicher judenchristlicher Herkunft. Darüber hinaus läßt sein Buch auf eine bekannte und anerkannte Persönlichkeit schließen, die die unterschiedlichen Verhältnisse und Zustände der kleinasiatischen Gemeinden bestens kannte und unter ihren übrigen „Propheten" eine hervorragende prophetische Autorität war. Warum führt er sich dann nicht als „Prophet" ein? Keiner der christlichen Propheten, die es seit apostolischer Zeit als „charismatische", das heißt besonders geistbegabte Verkünder der Christusbotschaft gab, hatte bis jetzt eine apokalyptische Schrift vorgelegt. Die ausdrückliche Beanspruchung des Prophetentitels hätte darum noch keineswegs als ausreichende Legitimation für die Abfassung der Apokalypse gelten können; ja sie hätte den Sonderanspruch des Johannes, nicht nur prophetisch reden, sondern auch eine prophetische Schrift vorlegen zu können, eher verwischt. Das Rätsel löst sich einfach. Der Verfasser konnte sich in der Briefzuschrift sehr wohl mit der schlichten Nennung seines Namens zufriedengeben. Seiner brieflichen Einleitung (1, 4–8) wird er nämlich eine zweite, berichtende Einleitung folgen lassen (1, 9–20), in der er sich für die Abfassung seiner Apokalypse auf die förmliche Beauftragung durch den erhöhten Christus berufen wird.

Statt des kurzen griechischen Briefeingangs verwendet Johannes das zweiteilige orientalische Briefformular, das zuerst den Absender und den bzw. die Adressaten nennt (V 4 a) und dann den Friedenswunsch (V 4 b–5 a) folgen läßt. Den älteren urchristlichen Friedenswunsch „Gnade und Friede sei euch von Gott, unserem Vater, und dem Herrn Jesus Christus" erweitert Johannes durch hohe Gottes- und Christusprädikationen. Diese sollen den Lesern vorweg zum Bewußtsein bringen, warum sie der zu erwartenden Auseinandersetzung mit dem totalen Weltstaat in aller Zuversicht entgegensehen können. Deshalb ersetzt Johannes den Gottesnamen durch eine dreigliedrige Formel, die das große Gotteswort von Ex 3, 14 G (vgl. auch Jes 41, 4) weiterbildet und in wörtlicher Übersetzung lautet: Gnade sei euch und Friede „von der Seiende und der war und der Kommende". Diese grammatisch unmögliche Formulierung ist bewußt gewählt. Sie soll nachdrücklich unterstreichen: Als der Herr aller Zeiten ist Gott stets handelndes Subjekt! Ähnliche Drei-Zeiten-Formeln waren besonders der griechisch sprechenden Umwelt geläufig. „Zeus war, Zeus ist, Zeus wird sein" lautet zum Beispiel ein Orakel des Pausanias. Die in heidnischer Umgebung lebenden Hörer verstanden jene Gottesbezeichnung deshalb auch als vielsagende Korrektur und Überbietung heidnischer Drei-Zeiten-Formeln. Statt des „war" steht das „ist" an der ersten Stelle. Denn der Gott der Bibel ist der schlechthin Seiende, da Vergangenheit und Zukunft von seiner Gegenwart umfaßt sind. Das auch in jüdischen Gottesformeln begegnende „der sein wird" wird ersetzt durch „der Kommende", um den Blick der Leser auf den Endsieg Gottes und seiner Getreuen auszurichten (V 4 b).

Die unendliche Lebens- und Machtfülle dieses Gottes

will auch das von Sach 4,2.10 inspirierte Bild von „den sieben Geistern, die vor Gottes Thron sind" (4 c), zum Ausdruck bringen. Da Gott auch den Messias mit seinem siebenfältigen Geist ausstatten wird (Jes 11,2 f G), kann Johannes mit jenem Bildzug zugleich zu Jesus Christus als Spender von Gnade und Friede überleiten. Denn auch der erhöhte Christus verfügt über „die sieben Geister Gottes", wie die Apokalypse noch ausdrücklich bekennen wird (3,1; 5,6).

Auch die drei feierlichen Christustitel lenken den Blick auf den Endsieg der Nachfolge Jesu. Als der, der seiner Sendung, für die Wahrheit Zeugnis abzulegen (Joh 18,37), bis in den Tod treu blieb, ist Jesus durch die Auferweckung von den Toten der gottgleiche Herrscher über die Mächtigen aller Welt geworden (V 5 a). Auf diesen Christus können sich die Glaubenden verlassen, weil sie seiner bleibenden Erlöserliebe sicher sein dürfen. Als Erweis dieser Liebe nennt der angeschlossene Lobpreis („Doxologie") das entsündigende Sterben Jesu (V 5 b) und die einzigartige Würde des Christenstands (V 6 a). Die privilegierende Berufung des ganzen Volkes Israel, als „ein Reich von Priestern" Gott zu gehören (Ex 19,6), hat in der Kirche Christi ihre endgültige Erfüllung gefunden (vgl. auch 1 Petr 2,5.9). Angesichts der drohenden Verfolgung sollen die Christen doch bedenken: Nicht „die Könige der Erde", nicht jene, die die Macht des römischen Kaisertums zu Christenverfolgern werden läßt, sind zu wahrer Herrschaft berufen, sondern die ihrem Bekenntnis treu bleibenden Verfolgten. Nicht die dem Kaiser Opfernden haben priesterliche Würde, sondern sie selbst, die nur den Kult des wahren Gottes und seines Christus kennen.

Um den Glauben der bedrängten Gemeinden zu stärken, läßt Johannes als eine Art Leitspruch des Buches eine ausdrückliche Ankündigung der Wiederkunft Christi folgen

(V 7). Dieser Prophetenspruch kombiniert zwei Schriftworte (Dan 7, 13; Sach 12, 4–10), die bereits zum traditionellen Bestand urchristlicher Gerichtspredigt gehörten (vgl.
Mt 24, 30). Das machtvolle Erscheinen des Gekreuzigten
wird die Menschen aller Welt, die ihn verwarfen und ihn
verkannten, seine Hinrichtung beklagen lassen. Sie selbst
werden damit bestätigen, daß die Christusgläubigen auf die
richtige Karte gesetzt haben. „Ja, Amen". „Das ist ganz sicher", so kann man diese vorweggenommene doppelte Zustimmung der hörenden Gemeinde, die sich sowohl des
griechischen „Ja" als auch des hebräischen „Amen" bedient,
verdeutlichen.

Das ist deshalb ganz sicher, weil hinter dem zum Gericht
Kommenden die Autorität des allmächtigen Gottes steht.
Diese Autorisierung ist dem Propheten Johannes so wich-
tig, daß er hier, wie nur noch 21, 5 ff, Gott selbst zu Wort
kommen läßt (V 8). Mit diesem Offenbarungswort, das ein
bei Jesaja (41, 4 G; 44, 6) öfters begegnendes Ich-Wort Jahwes abwandelt, erreicht der stark erweiterte Briefeingang
seinen Höhepunkt. Mögen die Feinde auch alle Macht aufbieten, Gott ist „der Anfang und das Ende" (21, 6) – das will
die symbolische Verwendung des ersten und des letzten
Buchstabens des griechischen Alphabets besagen; als Ursprung und Ziel alles Seins und Geschehens ist er „der Allherrscher" (griechisch: Pantokrator), der Herr über alle und
alles, der darum das letzte Wort haben wird!

Die einleitende Christus-Vision:
1, 9 – 3, 22

Die Beauftragung zur Abfassung des Buches: 1, 9–11

9 Ich, Johannes, euer Bruder, der mit euch teilhat an der Bedrängnis, am Königtum und am Ausharren in Jesus, war auf der Insel, die Patmos heißt, wegen des Wortes Gottes und des Zeugnisses Jesu.
10 Ich wurde am Herrentag vom Geist ergriffen und hörte hinter mir eine laute Stimme, die wie eine Posaune klang,
11 die sprach: Was du siehst, das schreib in ein Buch und schick es an die sieben Gemeinden: nach Ephesus, nach Smyrna, nach Pergamon, nach Thyatira, nach Sardes, nach Philadelphia und nach Laodizea.

Mit einem betonten „Ich" setzt Johannes neu ein, um über seine himmlische Beauftragung zur Abfassung der Apokalypse zu berichten. Er kennt die schwierige Situation der Gemeinden, die in den heidnischen Städten noch stark isolierte und diffamierte Minderheiten darstellen. Mit dem geläufigen „Bruder"-Titel stellt er sich den Lesern schlicht und liebevoll als Mitchrist zur Seite. Und vorweg liegt ihm an der Versicherung, daß er sich ihnen verbunden weiß in der „Bedrängnis", die immer schon zur Existenz des Christen in dieser Welt gehörte und sich demnächst aufs höchste steigern wird, aber auch in der Berufung zur Teilhabe an der königlichen Herrschaft Christi. Zur Vollendung führt freilich nur der Weg standhaften Ausharrens, den auch sie in der Nachfolge Jesu zu gehen vermögen (V 9 a).

Schon alttestamentliche Erzählungen über die Berufung eines Mannes zum Propheten wurden durch Orts- (Ez 1, 1.3) und Zeitangaben (Jes 6, 1; Jer 1, 2 f; Ez 1, 1 f) eingeleitet. So nennt auch der Verfasser einer christlichen Prophetenschrift zuerst den Ort seiner Berufung (V 9 b). Patmos ist eine kleine Felseninsel aus der Gruppe der südlichen Sporaden. Warum sich Johannes auf diesem dem Festland nahe gelegenen Eiland befindet, kommt nicht ganz eindeutig zum Ausdruck. Unter anderem schon deshalb, weil die durch „wegen" übersetzte griechische Präposition (diá) die Ursache und den Zweck angeben kann. Nach überwiegender Auslegung will Johannes sagen, er sei nach Patmos verbannt worden, weil er das Evangelium verkündete, für dieses sich besonders aktiv einsetzte.

Ungleich wichtiger als die exakte Auslegung der „Wegen"-Aussage ist das Erlebnis, von dem er nun berichtet (V 10). Daß Johannes an dem Tag, den die Christen als Auferstehungstag Jesu begehen, seinem geistigen Ich nach aus der irdischen Dimension entrückt wurde, deutet bereits auf die Zentralgestalt des nachfolgenden Offenbarungsgeschehens hin. Ohne den dem Alten Testament wohlvertrauten Vorgang prophetischer Ekstase näher zu beschreiben, spricht er sogleich von deren Wirkung und Inhalt, nämlich einer „Audition" (einer Wahrnehmung durch das Gehör). Hörte Ezechiel nach seiner Erhebung durch den Geist hinter sich das Geräusch eines gewaltigen Dröhnens (Ez 3, 12), so hört Johannes hinter sich eine laute Stimme, die wie eine Posaune tönt. Das ist zugleich Ex 19, 16 nachgebildet, wo eine posaunenartige Stimme die Erscheinung Gottes am Sinai begleitet. Es ist ja der zu gottgleicher Lebensmacht erhöhte Christus, den Johannes in der nachfolgenden „Vision" (V 12 b–16) „sehen" darf. Eine laute Stimme „wie von einer Posaune": zum erstenmal begegnen wir dem für die apokalyptische Bildsprache charakteristischen „wie",

„gleich", das auf das Uneigentliche und Unzureichende aller Vergleiche hinweist.

Die Himmelsstimme, die von einem Engel (vgl. 4, 1), aber auch von Christus selbst (vgl. 1, 19) ausgehen kann, erteilt Johannes den Auftrag, das, was er sieht, auf eine Buchrolle zu schreiben und diese an die nun namentlich genannten sieben Gemeinden zu schicken (V 11). Unter diesen kann man uns bekannte ältere Christengemeinden, wie zum Beispiel Kolossae, Hierapolis, vermissen. Da die Symbolzahl „Sieben" nicht mehr als sieben Namen zuließ, wird Johannes eine Auswahl getroffen haben. Außer der Bedeutung der genannten Städte als Gerichtsorte und Sitze staatlicher Behörden (Kaiserkult!) könnte auch ihre topographische Lage mitgespielt haben. Sie bildeten einen annähernden Kreis, den ein in Ephesus an Land gehender Bote auf der großen Römerstraße durchschreiten konnte, um den genannten Gemeinden die Buchrolle zur Abschrift zu überbringen.

Der göttliche Herr der Kirche: 1, 12–20

12   Da wandte ich mich um, die Stimme zu sehen, die mit mir sprach. Und als ich mich umwandte, sah ich sieben goldene Leuchter

13   und mitten unter den Leuchtern einen, wie einen Menschensohn, angetan mit einem bis zu den Füßen reichenden Gewand und an der Brust umgürtet mit einem goldenen Gürtel.

14   Sein Haupt und seine Haare waren weiß wie weiße Wolle, wie Schnee, und seine Augen wie eine Feuerflamme.

15   Und seine Füße glichen Golderz, das im Schmelzofen glüht, und seine Stimme war wie das Rauschen gewaltiger Wassermassen.

16 In seiner Rechten hielt er die sieben Sterne, und aus seinem Mund kam ein scharfes, zweischneidiges Schwert; und sein Aussehen glich der in ihrer (vollen) Kraft strahlenden Sonne.

17 Und als ich ihn sah, fiel ich wie tot vor seinen Füßen nieder. Da legte er seine Rechte auf mich und sagte: Fürchte dich nicht! Ich bin der Erste und der Letzte 18 und der Lebendige; ich war tot, doch siehe, ich bin lebend in alle Ewigkeit, und ich habe die Schlüssel zum Tod und zur Unterwelt. 19 Schreibe nun auf: was du sahst, was ist und was danach geschehen wird!

20 (Was) das Geheimnis der sieben Sterne, die du auf meiner Rechten gesehen hast, und der sieben goldenen Leuchter (betrifft, so gilt): die sieben Sterne sind die Engel der sieben Gemeinden, und die Leuchter sind die sieben Gemeinden.

Der Fortgang der Vision verrät kunstvolle Gestaltung. Zunächst hörte Johannes hinter sich eine ihn beauftragende Stimme (1, 10). Das dient auch als Beweggrund, daß er sich nun umdreht, „um die Stimme zu sehen" (V 12 a; vgl. Dan 7, 11 G): um jetzt nämlich den himmlischen Christus in seiner Machtherrlichkeit zu „sehen" und aus seinem Mund erneut den Schreibbefehl zu vernehmen (V 13–20).

Seit seiner Erhöhung in die Raum und Zeit übersteigende Daseinsweise Gottes ist Jesus wohl den leiblichen Augen, nicht aber uns selbst entzogen. Von der Orts- und Zeitgebundenheit seines Erdenwirkens entschränkt, steht er als der Auferstandene zu jedem Ort und zu jeder Zeit in einem unmittelbaren Verhältnis der Gegenwart: „Ich bin bei euch alle Tage bis zum Ende der Welt" (Mt 28, 20). Eben dies will auch unsere Vision versichern, indem der Blick des Sehers zuerst – wie bei der Gotteserscheinung Ez 1, 4 ff – auf die Requisiten der Szene fällt. Das sind hier sieben goldene Leuchter, die im späteren Vers 20 ausdrücklich auf die sieben Gemeinden gedeutet werden. Sie versinnbilden somit die Kirche, in deren Mitte der erhöhte Christus lebt und weiterwirkt. Statt mit dem geläufigen Titel „der Menschensohn" wird dieser im Anschluß an Dan 7, 13 als „einer wie ein Mensch" (wörtlich: wie ein Menschensohn) eingeführt. Diese echt apokalyptische Bildsprache erlaubt es dem Seher, den himmlischen Christus als menschliche Gestalt zu beschreiben und gleichzeitig die Vorstellung eines bloßen Menschen abzuwehren.

Die zahlreichen alttestamentlichen Stellen, die zur Beschreibung der Gewandung (V 13 b) und der Gestalt selbst (V 14–16) beitragen, können hier nicht im einzelnen genannt werden. Hier wie auch sonst sind die wichtigsten Hintergrundtexte aus einer der neueren Bibelausgaben, wie zum Beispiel auch der Einheitsübersetzung, leicht zu ersehen. Das bis zu den Knöcheln reichende Gewand und die Gürtung um die Brust manifestieren Christus als den wahren und endgültigen Hohenpriester. Die schneeweißen Haare des Hochbetagten = des Zeitlosen von Dan 7, 9 kennzeichnen ihn als den gottgleichen Kyrios, dessen Augen – „wie Feuerflammen" – nichts verborgen bleiben kann. Er ist von geradezu schreckenerregender Majestät! Das sollen wohl die an die Füße und die Stimme geknüpften Vergleiche hervorheben. Ihm, und nicht etwa dem römischen Kaiser, steht das Siebengestirn, das Sinnbild der Weltherrschaft, in Wahrheit zu. Denn Gott selbst wird durch ihn sein die Welt richtendes und strafendes Wort sprechen, wie das aus seinem Mund hervorkommende scharfe zweischneidige Schwert symbolisiert (vgl. Jes 49, 2; Weish 18, 15 f; Hebr 4, 12).

Zugegeben, die heutige Kenntnis der Größenverhältnisse der Gestirne wie zum Beispiel des hier im Hintergrund stehenden Sternbildes des Kleinen Bären brauchte unseren Seher noch nicht im geringsten zu bedrücken. Aber auch dann kann man dem Leser die Frage nicht verargen, wie die Rechte mit den sieben Sternen eigentlich aussah, so daß Johannes sieben einzelne Sterne wahrnehmen konnte. Noch kurioser wirkt das doppelschneidige Schwert, bei dem es sich um das auch Ps 149, 6 genannte breite Schlachtschwert der Barbaren handelt. Damit ein solches, in seiner natürlichen Größe wenigstens, aus dem Mund hervorgehen kann, muß man sich diesen und entsprechend die ganze Gestalt von einer geradezu monströsen Größe denken. Und nicht nur das! Setzt man voraus, Johannes gebe ein von ihm geschautes Geschehen wieder, läßt sich die Frage nach dem Verhalten des aus dem Mund hervorkommenden Schwertes nicht abweisen. Blieb dieses etwa für einen Augenblick im geöffneten Mund stehen? Oder auch vor demselben, da es den erhöhten Christus jedenfalls nicht daran hindert, anschließend ziemlich lang (von 1, 17–3, 22) zu sprechen?

Johannes wäre vermutlich überrascht, daß wir uns mit der Frage aufhalten möchten, ob er jeden einzelnen Bildzug plastisch wahrgenommen, aus ihm vorgesetzten Schaubildern abgelesen haben müsse. Es ist nicht nur damit zu rechnen, daß das ihm vertraute reiche Bildmaterial als Bausteine in seine prophetisch-ekstatische Erlebnisse einging; sondern auch damit, daß er die ihm zuteil gewordenen Erkenntnisse von sich aus unter souveräner Verwendung von Motiven und Erzählmodellen der altbiblischen, speziell auch apokalyptischen Tradition sinnbildlich zum Ausdruck brachte. „Der gangbare Weg liegt", wie F. Hahn die heute vorherrschende Meinung wiedergibt, „in der Mitte: Die Erlebnisechtheit der Vision ist keinesfalls grundsätzlich zu bestreiten, allerdings nicht auf jede Einzelheit der Darstellung auszudehnen. Der Verfasser bedurfte ja, um derartige Visionen erfassen und wiedergeben zu können, eines ganz bestimmten Denkhorizontes, eindeutiger Vorstellungselemente und einer an älterer Überlieferung geschulten Sprachgestalt ... Die Überlieferung des Alten Testamentes war für ihn Ausgangsbasis für seine eigene Erfahrung und zugleich Grundlage für seine Darstellung."

Das scheint eben auch unsere einleitende Christus-Vision zu bestätigen. Während diese, aufs Ganze gesehen, dem Vorbild von Berufungserzählungen alttestamentlicher Propheten folgt, läßt ihr zentrales Stück außer den Gotteserscheinungen von Dan 7,9; Ez 1, 26 b–28; 43, 2 vor allem die Vision Daniels vom Engel Gabriel (Dan 10, 4–6.8 ff), die alles Bisherige an alttestamentlichen Engelbeschreibungen überbietet, als Vorlage erkennen. Ihr steht unsere Christus-Vision in der Gesamtstruktur wie in Einzelzügen am nächsten. Wer die Gabriel-Vision Daniels nachliest, wird freilich ebenso entdecken, daß die Vorlage weit überboten wird, gerade auch durch Bildzüge, die in einer Engelbeschreibung undenkbar wären. Denn die Gestalt, die Johannes zeichnet, ist der erhöhte Christus als die personifizierte göttliche Machtherrlichkeit!

Erschrecken ist die regelmäßige Reaktion eines Sehers auf die Erscheinung Gottes (z. B. Jes 6, 5; Ez 1, 28) oder eines hohen Engels. Der Anblick des himmlischen Christus läßt Johannes nicht nur totenbleich und betäubt – wie den Empfänger der Gabriel-Vision (Dan 10, 8 f) –, sondern „wie tot" zu Boden sinken (V 17 f). Wie kann Christus aber nun seine wiederbelebende Rechte auf ihn legen? Eben umfaßte er mit dieser noch die sieben Sterne (V 16 a); und drei Verse weiter heißt es wiederum: „Er, der die sieben Sterne in seiner Rechten hält" (2, 1). Dann muß er die Sterne doch für einen Augenblick abgelegt haben? Wir wissen bereits, warum wir uns derlei Erwägungen getrost ersparen können. Da es einem Apokalyptiker auf den Symbolwert der Bilder ankommt, können dieselben rasch wechseln und bisweilen sogar unversöhnlich nebeneinander stehen.

Das ebenso stilgemäße „Fürchte dich nicht" leitet die di-

rekte Selbstvorstellung des Erhöhten ein. Wie Gott selbst
(Jes 44, 6) ist er „der Erste und der Letzte", Anfang und Endziel aller Geschichte. Denn er ist der wahrhaft Lebendige,
der wie Gott Leben in sich hat und aus dem Tod zum Leben
auferwecken kann (Joh 5, 25 f). Das hat er durch seine Auferstehung aus dem Tod erwiesen. Als der in alle Ewigkeit
Lebende verfügt er über die nach jüdischer Auffassung einzig in Gottes Hand befindlichen „Schlüssel zum Tod und
zur Unterwelt" – womit hier im ursprünglich alttestamentlichen Sinn die „Scheol", der unterirdische Aufenthaltsort
der Toten, gemeint ist. Was könnte den Seher mehr zu seinem schweren Auftrag ermutigen als diese Verfügungsge-
walt über die Macht des Todes, die sich auch die mächtig-
sten Verfolger dieser Welt nicht träumen lassen können!

Nach einer häufigen Erklärung soll der erneute Befehl
zur Niederschrift (V 19) die globale Gliederung des Buches
anzeigen. Wahrscheinlicher wird er jedoch zum Ausdruck
bringen wollen, daß die Johannes zuteil gewordenen Visionen (und Auditionen) das gegenwärtige und noch ausste-
hende Geschehen zum Inhalt haben.

Bevor der himmlische Christus mit dem Diktat der sogenannten „Sendschreiben" an die einzelnen Gemeinden beginnt, deutet er zwei Symbole der bisherigen Vision (V 20).
Das „Geheimnis", das heißt den bildhaften und deshalb
verborgenen Sinn der sieben Leuchter (= sieben Gemeinden), hätten wir noch selbst erraten können. Von der Aufgabe der Christen, das Licht der Welt zu sein, ist ja auch
sonst im Urchristentum die Rede (vgl. Mt 5, 14 f; Phil
2, 15 f; Eph 5, 8). Etwas merkwürdig bleibt für uns hingegen
die Deutung der sieben Sterne auf „die Engel" der sieben
Gemeinden. Die literarische Funktion der Deutung der beiden Symbole (Leuchter und Sterne) ist zwar ohne weiteres
durchsichtig. Die Nennung der beiden Größen, nämlich
„der Gemeinden" und „der Engel", bereitet den Einsatz des

Diktats der Sendschreiben vor, nämlich den je wiederholten Befehl an Johannes: „An den Engel der Gemeinde (in Ephesus usw.) schreibe." Wie soll aber Johannes das, was der erhöhte Christus anerkennend, tadelnd und mahnend den auf Erden lebenden Gemeinden zu sagen hat, sinnvollerweise an ein himmlisches Geistwesen richten können? Jedes Volk und Land der Welt hat nach apokalyptischer Vorstellung einen Schutz- und Wächterengel, der für es verantwortlich ist. Wie Israel dem Erzengel Michael anvertraut ist, wie der einzelne Mensch einen Schutzengel hat (Mt 18, 10), so auch jede Christengemeinde. Der Engel ist als ihr Repräsentant vorgestellt. Weil er das Tun und Lassen seiner Gemeinde vor Gott mitverantworten muß, kann Johannes den erhöhten Herrn in den nachfolgenden Sonderschreiben den Engel und seine Gemeinde zusammen mit ein und demselben „du" ansprechen lassen. Das scheint die bislang noch bestmögliche Erklärung „des Engels der Gemeinde" zu sein.

Die Sendschreiben an die sieben Gemeinden: 2, 1 – 3, 22

Diese Sonderansprachen Christi, die kompositionell die Fortsetzung der bisherigen „Audition" (1, 17 – 20) darstellen, gleichen in gewisser Hinsicht „offenen Briefen". Was den einzelnen Ortskirchen gesagt wird, soll von allen Gemeinden gehört und beherzigt werden. Die Bestandteile des Briefformulars sind hier freilich nicht zu erwarten, weil ja das ganze Buch formal als Brief an die sieben Gemeinden eingeleitet wurde. Statt von Briefen spricht man deshalb herkömmlich von „Sendschreiben" oder auch von „Manifesten" des erhöhten Herrn. Dank der gleichen strukturellen Bestandteile sind dieselben gleichförmig gegliedert.

Die gemeinorientalische *„Botenformel"* („So spricht der...", „Das sagt der...") mit der auch Israels Propheten eine Botschaft Gottes einleiteten (vgl. Jer 2, 1; 6, 16.22), ist das gegebene Mittel, um den himmlischen Jesus selbst als Sprecher einzuführen. Zugleich bestätigt Johannes aber auch den gemeinchristlichen Glauben, demzufolge Christus seit seiner Auferweckung durch seinen Geist zu den Gemeinden spricht. Der in allen Manifesten gleichlautende *„Weckruf"* deklariert die Worte Christi deshalb als Worte „des Geistes": „Wer ein Ohr hat, der höre, was der Geist den Gemeinden sagt."

Zur „Botenformel" gehört seit altprophetischer Tradition der *„Botenspruch",* der hier mit „Ich weiß" = „Ich kenne" (deine Situation) eingeleitet wird. Er stellt das umfangreichste und am meisten variierende Stück der Sendschreiben dar. Denn er informiert über den religiösen Zustand und die Konsequenzen, die sich für eine Gemeinde ergeben. Die sehr unterschiedlich ausfallenden Diagnosen schließen jeden Verdacht einer schönfärberischen Idealisierung der faktischen Verhältnisse aus. Die hier angesprochenen Zustände dürften zugleich für die damalige Christenheit repräsentativ sein, zumindest soweit dieselbe im Blickfeld unseres Verfassers steht – das werden wir hinzufügen dürfen.

Ob die Gemeinden aus der erwarteten Auseinandersetzung zwischen Christuskult und Kaiserkult als „Sieger" hervorgehen, hängt ganz entscheidend davon ab, in welcher Verfassung und Bereitschaft sie selbst in diese Auseinandersetzung hineingehen. „Wer siegt, dem kann der zweite Tod nichts anhaben" – lautet zum Beispiel der *„Siegerspruch"* des Schreibens an die Gemeinde von Smyrna (2, 11). Dieser absolute Gebrauch des Verbums „siegen" ist bezeichnend für den Denkhorizont des Apokalyptikers. „Sieger" ist, wer in allen Anfechtungen Christus die Treue hält, wer bereit ist, den urbildlichen Sieg, den er durch die Übernahme des gewaltsamen Todes errang, an seinem eigenen Leib nachzuvollziehen. Der „Siegerspruch" ist das Teilstück, das die kritische Durchleuchtung der Gemeinden am deutlichsten auf die Thematik des eigentlich apokalyptischen Teils (Kap. 4–22) ausrichtet. Aussicht auf Sieg haben die Gläubigen freilich nur, wenn sie den aufmunternden, tadelnden und warnenden Worten Christi wirklich Gehör schenken. Statt des verheißenden Siegerspruchs kann deshalb, vom vierten Sendschreiben an, ebensogut der mahnende „Weckruf" an letzter Stelle stehen.

Was hätten unsere heutigen Gemeinden an Lob und Tadel Christi zu erwarten? Auch unter diesem Gesichtspunkt dürfen wir uns vom einen und anderen dieser kirchengeschichtlich höchst lehrreichen Sendschreiben ansprechen lassen.

An die Gemeinde in Ephesus: 2, 1–7

1 An den Engel der Gemeinde in Ephesus schreibe: Das sagt der, der die sieben Sterne fest in seiner Rechten hält und mitten unter den sieben goldenen Leuchtern einhergeht:
2 Ich weiß um deine Werke und deine Mühe und dein Ausharren und ich weiß, daß du Böse nicht ertragen kannst und die, die sich Apostel nennen und es nicht sind, auf die Probe gestellt und als Lügner erkannt hast.
3 Du hast Ausdauer und hast um meines Namens willen (Schweres) ertragen und bist nicht müde geworden.
4 Ich habe aber gegen dich, daß du deine erste Liebe verlassen hast.
5 Bedenke nun, aus welcher Höhe du gefallen bist, und kehr um und tue die ersten Werke! Wenn nicht, komme ich dir und werden deinen Leuchter von seiner Stelle wegrükken, wenn du nicht umkehrst.

6   *Aber das hast du: du verabscheust die Werke der Nikolai-*
ten, die auch ich verabscheue.
7   *Wer ein Ohr hat, der höre, was der Geist den Gemeinden*
sagt! Wer siegt, dem werde ich zu essen geben vom Baum des
Lebens, der im Paradiese Gottes steht.

Ephesus war die drittgrößte Stadt des römischen Weltreiches und die faktische Hauptstadt der Provinz Asia. Als
christliches Zentrum wurde Ephesus durch den Apostel
Paulus begründet, der hier mehr als zwei Jahre wirkte. Noch
mehr als der Rang der Stadt wird die Bedeutung ihrer Chri-
stusgemeinde der Grund sein, daß das erste Schreiben ihr
gilt und Christus sich mit den beiden Bildzügen einführt,
die seine Beziehung zu allen Gemeinden zum Ausdruck
bringen (1). Die sieben Sterne versinnbilden seine Kontroll-
gewalt über die ganze Kirche. Mit dem Bild vom Einhergehen inmitten der sieben goldenen Leuchter (= der Gemeinden) wird Christus eingeführt als „einer, der gleichsam auf
Inspektionsreise in die Gemeinde geht" (H. Gollinger).

Die Gemeinde erhält hohes Lob (V 2–3). Die Anfechtungen, die sie mit unermüdlicher Ausdauer ertrug, könnten
nicht zuletzt auch mit dem Kaiserkult zusammenhängen.
Außer dem wenige Jahre zuvor erfolgten Bau eines großen
Tempels für den sich selbst vergötternden Kaiser Domitian
könnte dafür auch die Absage an die verwerfliche Praxis
„der Nikolaiten" sprechen (V 6), von denen wir noch in anderen Sendschreiben zu hören bekommen.

Was die zuvor (V 2) genannten Wanderprediger lehrten,
ob sie etwa mit diesen Nikolaiten identisch sind, erfahren
wir nicht. Wohl aber die großartige Reaktion der Gemeinde. Sie hat diese Leute, die sich als „Apostel" (= „Ge-
sandte") ausgaben – das Wort „Apostel" hat hier einen weiteren Sinn, in dem es von urchristlichen Missionaren gebraucht wurde –, auf ihren Lehranspruch hin geprüft und

als „Lügner" entlarvt. Wie ein Mann weiß sich die ganze
Großstadtgemeinde, nicht etwa nur ihre Vorsteher, für die
Wahrung des überlieferten Glaubens verantwortlich.

Doch kann auch diese Gemeinde nicht in allem gefallen.
Der Vorwurf, sie habe ihre „erste Liebe" aufgegeben, muß
etwas sehr Schwerwiegendes meinen. Sonst wären das Bild
vom Fall aus großer Höhe (vgl. Jes 14, 12) und der ange-
drohte Verlust ihrer Existenzberechtigung kaum verständlich (V 4–5). Im Alten Testament erinnert Jahwe das abgefallene Israel an die anfängliche Liebe der Brautzeit. Das
Bild von der Heilsgemeinde als „der Braut" und „der Frau
des Lammes" (21, 9) gewinnt ja auch in unserem Buch zentrale Bedeutung. Jene Anklage Jahwes steht wohl im Hintergrund, wenn der Vorwurf, die Gemeinde habe den anfänglichen Eifer im geistlichen Leben eingebüßt, in die Worte gekleidet wird: „du hast deine erste Liebe verlassen".

Also doch eine heruntergekommene Pfarrei! Als ob wir
nicht Grund genug hätten, den Balken im eigenen Auge zu
sehen. Oder könnten wir nicht erschrecken, wenn wir zum
Beispiel daran denken, was aus den übervollen Kirchen geworden ist, die uns der dem Kriegsende nachfolgende geistige Aufbruch und Neubeginn erleben ließ? Natürlich ist
es alles wert, wenn eine Gemeinde noch Sinn für Rechtgläubigkeit hat, der sich nicht schon in liebloser und arg-
wöhnischer Ablehnung jedes fragenden und suchenden
Mitchristen erschöpft. Eine solche Gemeinde wird am ehesten imstande sein, sich wieder zu neuem religiösem Eifer
aufzuraffen. Diese Hoffnung hegt auch unser Christusma-
nifest, wenn es nach der Strafandrohung noch ausdrücklich
die kompromißlose Ablehnung „der Werke der Nikolaiten"
als Aktivposten in Anschlag bringt (V 5–6). Dennoch:
Rechtgläubigkeit ist nicht schon gleichbedeutend mit der
Praktizierung des Glaubens und deshalb keineswegs schon
Garantie für die Heilserlangung. Immer schon mußten sich

die Christen sagen lassen: Erst das ehrliche Bemühen, den Glauben zu leben, führt auf den Weg des Siegers, dem unser Siegerspruch mit apokalyptisch geläufigen Bildworten der Paradieses-Typologie den Lohn unvergänglichen Lebens verheißt (V 7).

An die Gemeinde in Smyrna: 2, 8–11

8 An den Engel der Gemeinde in Smyrna schreibe: Das sagt der Erste und der Letzte, der tot war und wieder lebendig wurde:

9 Ich weiß um deine Bedrängnis und deine Armut – aber du bist reich! – und um die Lästerung von seiten derer, die behaupten, sie seien Juden, es aber nicht sind, sondern eine Synagoge des Satans.

10 Fürchte nichts von dem, was an Leiden auf dich zukommt! Siehe, der Teufel wird (einige) von euch ins Gefängnis werfen, damit ihr auf die Probe gestellt werdet, und ihr werdet in Bedrängnis sein, zehn Tage lang. Werdet getreu bis zum Tod, dann werde ich dir den Kranz des Lebens geben.

11 Wer ein Ohr hat, der höre, was der Geist den Gemeinden sagt! Wer siegt, dem kann der zweite Tod nichts anhaben.

Das gab es auch! Gemeinden wie Smyrna und Philadelphia (3, 7–13), die uneingeschränktes Lob erhalten. Smyrna, das heutige Izmir, war eine reiche Hafen- und Handelsstadt, die sich in römischer Zeit mit Ephesus um den Titel „der ersten Stadt" der Provinz stritt. Trotzdem war ihre Christengemeinde ausgesprochen arm. In Wahrheit ist sie aber „reich" (V 9 a), reich an geistlichen Gaben! Wir selbst erführen natürlich gern, wie sich dieser Reichtum in ihrem konkreten Leben zeigte. Diese notwendig auf Kürze bedachten Sonderansprachen werden indes nur insoweit konkreter, als es die augenblickliche und absehbare Situation erfordert.

In Smyrna war das zunächst die Feindseligkeit, die von einem einflußreichen jüdischen Bevölkerungsanteil ausging (V 9 b). Der Konflikt, von dem hier die Rede ist, ist fast so alt wie die christliche Mission und aus der damaligen Situation durchaus verständlich. Die Messias-Jesus-Gläubigen erschienen den Außenstehenden zunächst als jüdische Sondergruppe. Da sie auch von den Römern als solche angesehen wurden, profitierten die christlichen Gemeinden lange vom Rechtsschutz, den das Judentum als „erlaubte Religion" (religio licita) im Römischen Reich genoß. Je länger, desto mehr mußten Juden versucht sein, vor staatlichen Behörden die Zugehörigkeit der lästigen Konkurrenten zur Synagoge abzustreiten. Nach den meisten Erklärern hat unser Manifest denn auch jüdische Mitbewohner im Auge, die als Helfershelfer des Teufels durch entsprechende Anzeigen Christen ins Gefängnis bringen werden. Das mag zum Teil richtig sein, trifft indes kaum den eigentlichen Sinn der von Juden ausgehenden „Lästerung". Damit muß nämlich der religiöse Grund ihrer Feindseligkeit gemeint sein: sie verlästern den Glauben an einen in Jerusalem hingerichteten Messias als skandalösen Angriff auf die Macht und Ehre Gottes (vgl. 1 Kor 1, 22–25). Durch diese Lästerung mußten sich die Christen so tief getroffen fühlen, daß sie solchen Israeliten den Ehrentitel „Juden" abstritten: Die den Anspruch erheben durften, „Gemeinde Gottes" zu sein (Num 16, 3), sind „eine Synagoge (= Gemeinde) des Satan" geworden.

Als hintergründiger Urheber kommender Leiden wird der „Diabolos" (so übersetzt die griechische Bibel das hebräische „Satan") genannt: „der Teufel", „der Verleumder", „der falsche Ankläger" (V 10). Um die Gefangensetzung von Christen zu erwirken, mußte nämlich jemand vor der römischen Behörde als „delator", als „Angeber", „Denunziant" auftreten. Es genügte schon, daß ein Christ einen übelgesinnten Nachbarn, einen Heiden oder Juden, hatte, der ihn mangelnder Loyalität gegenüber dem Staat bezichtigte. Aber nicht der Teufel wird Regie führen. Gott läßt die Verfolgung zu, damit sich die Glaubenstreue der Gemeinde bewähren kann, „zehn Tage lang". Diese runde Zahl für eine relativ kurze Zeitspanne ist aus Dan 1, 12.14 f geschöpft, wo das Erprobtwerden der Israeliten durch Gott „zehn Tage lang" dauert. „Gefängnis", sagen wir vielleicht, „ist immer noch besser als der Tod!" Ja, wenn sich das damalige Gefängnis mit der heutigen Strafanstalt vergleichen ließe! Nicht nur, daß man sich um die Gefangenen, um Speise und Trank so gut wie nicht kümmerte. Zumal in den Provinzen mußte der Gefangene damit rechnen, daß er nicht mehr lebend herauskommt. „Werde getreu bis zum Tod!" ist deshalb alles andere als Ausdruck eines übertreibenden Märtyrerpathos. Die Probe werden jene Smyrnäer Christen erst bestanden haben, wenn sie es fertigbringen, Jesus in den Tod zu folgen, um von ihm, „dem wieder lebendig Gewordenen" (V 8), als Siegerlohn unvergängliches Leben zu erhalten.

Gewiß, der Tod des Glaubenszeugen steht bei uns nicht zur Diskussion. Hat uns dieses Sendschreiben deshalb nichts mehr zu sagen? Die Situation der Gemeinde von Smyrna, die schon aufgrund ihrer gesellschaftlichen und wirtschaftlichen Ohnmacht der öffentlichen Willkür preisgegeben war, ist gar nicht so analogielos zur Situation unserer Gemeinden in den dreißiger Jahren. Steckte in jenen Gemeinden nicht auch noch mehr religiöse Kraft, die sie beispielsweise gegenüber heute das Drei- bis Zehnfache an Priester- und Ordensberufen hervorbringen ließ? „Fürchte nichts von dem, was an Leiden auf dich zukommt!" (V 10 a). Könnten auch wir in Erwartung des Ernstfalls so zuversichtlich angesprochen werden? Die Gemeinde von Smyrna bleibt das Vorbild einer Kirche, die gerade in Zeiten äußerer Armut und Unterdrückung die alles überwindende Kraft des Glaubens erweist.

An die Gemeinde in Pergamon: 2, 12–17

12 An den Engel der Gemeinde in Pergamon schreibe: Das sagt, der das scharfe, zweischneidige Schwert hat:

13 Ich weiß, wo du wohnst: dort, wo der Thron des Satans steht; und doch hältst du an meinem Namen fest und hast den Glauben an mich nicht verleugnet, auch nicht in den Tagen des Antipas, meines treuen Zeugen, der getötet wurde bei euch, wo der Satan wohnt.

14 Aber ich habe etwas gegen dich: du hast dort Leute, die an der Lehre Bileams festhalten, der den Balak lehrte, den Söhnen Israels eine Falle zu stellen, (auf daß sie) Götzenopferfleisch essen und Hurerei treiben.

15 So hast auch du Leute, die in gleicher Weise an der Lehre der Nikolaiten festhalten.

16 Kehre nun um! Wenn nicht, komme ich dir bald und werde sie mit dem Schwert meines Mundes bekämpfen.

17 Wer ein Ohr hat, der hört, was der Geist den Gemeinden sagt! Wer siegt, dem werde ich von dem verborgenen Manna geben, und ich werde ihm einen weißen Stein geben, und auf dem Stein einen neuen Namen geschrieben, den niemand kennt außer dem, der ihn empfängt.

Nicht so sehr des weltbekannt gewordenen „Pergamon-Altars" wegen, der sich heute größtenteils im Pergamon-Museum in Ost-Berlin befindet, verdient dieses Sendschreiben unsere Beachtung. Dieser thronartige Zeusaltar, dessen Fries den siegreichen Kampf der griechischen Götter mit den Riesen der Barbaren darstellte, war schwerlich der

Grund für das vernichtende Urteil: die Gemeinde habe ihre irdische Bleibe dort, „wo der Thron des Satans steht" (V 13 a). Bezeichnender für die an Kult- und Weihestätten reiche Stadt war wohl ein anderes Heiligtum, dessen Bau auch Tacitus als einen bisher nicht dagewesenen Fall bezeugt. Pergamon erhielt im Jahre 29 v. Chr. als erste Stadt der Provinz von Augustus die Erlaubnis, einen Tempel zur Verehrung des noch lebenden Kaisers zu bauen. Und eben dieses Pergamon war die offizielle Residenz des Provinzgouverneurs und damit auch das offizielle Zentrum für den Kaiserkult. Bedenken wir schon an dieser Stelle, es ist der große Drache = der Satan, der in der Sicht unseres Buches dem römischen Kaiser „seinen Thron und seine Macht" gegeben hat (13, 2). Als Prokonsul konnte der Statthalter von Pergamon unverzüglich zu vollstreckende Todesurteile aussprechen. Das Christus-Emblem des scharfen, zweischneidigen Schwertes (V 12) könnte sogar als versteckte Antithese zum „Schwertrecht" (jus gladii) des Statthalters gemeint sein: der Christus Jesus besitzt das höhere Schwertrecht, das letzte und entscheidende Richterwort. Deshalb heißt es auch einige Verse später, er werde die Bösewichter der Gemeinde „mit dem Schwert" seines Mundes bestrafen, so diese von ihrer Irrlehre nicht ablassen (V 16).

Zwar wird nicht gesagt, wie Antipas – der einzig namentlich genannte Märtyrer unseres Buches – zu Tode kam (V 13), ob aufgrund behördlicher Verurteilung oder durch unkontrollierte Lynchjustiz. Mehrere Momente rechtfertigen die Vermutung, daß es bei dieser ernsthaften Prüfung des Bekenntnisstandes der ganzen Gemeinde um den Vorwurf mangelnder Loyalität gegenüber dem Staat, letztlich wegen der Verweigerung des Kaiserkultes ging.

In diese Richtung scheint auch die vom erhöhten Herrn beklagte Gruppe von Kompromiß-Christen zu weisen, die als Anhänger „der Lehre Bileams" gekennzeichnet werden

(V 14). Nach einer kombinierenden Auslegung von Num 31, 16 und Num 25, 1 f (G) riet der heidnische Seher Bileam dem Balak, der zur Zeit des Auszuges aus Ägypten König der Moabiter war, die Moabiterinnen sollen sich den Israeliten hingeben unter der Bedingung, daß diese sich zu ihren Göttern bekehren und an den Götteropfermahlen teilnehmen. Im Frühjudentum wurde Bileam deshalb zum Urbild aller Schandtaten und Prototyp der Irrlehrer. Als solcher wird er auch in anderen urchristlichen Schriften genannt (Jud 11; 2 Petr 2, 15 f).

Was ist nun aber hier gemeint mit dem irreführenden Rat, „Götzenopferfleisch zu essen und Hurerei zu treiben" (V 14)? Das könnte an sich wörtlich gemeint sein, wie es in der jüdischen Bileam-Überlieferung zweifellos der Fall ist. Fleisch von Tieren, die in den heidnischen Tempeln als Opfertiere geschlachtet worden waren, wurde auch auf dem Markt verkauft und bei Festmahlen, wie zum Beispiel denen der Handwerkergilden, verzehrt. Zugunsten des wörtlichen Verständnisses wird sodann geltend gemacht, daß Götzendienst und Hurerei auch sonst als heidnische Hauptlaster bekämpft wurden (1 Kor 6, 8–20) und auch kultische Opfermahle in sexuelle Orgien ausarten konnten. Nun wendet sich das Schreiben an Thyatira gegen eine mit dem biblischen Decknamen „Isebel" bezeichnete falsche „Prophetin", die einen Teil der Gemeinde ebenfalls dazu verführt, „Hurerei zu treiben und den Götzen geweihtes Fleisch zu essen" (2, 20).

Diese „Isebel" ist so gut wie sicher nicht eine Hure im eigentlichen Sinn des Wortes, so bildkräftig auch die anschließenden Verse (2, 21 f) von ihrem unzüchtigen Treiben sprechen. „Huren" ist seit den Propheten ein geläufiges Bild für den Abfall Israels zu den Götzen; „die Hure" und „die Hurerei" dienen in der Apokalypse speziell als Chiffre für das heidnische Rom, das die Welt vor allem zum Kaiserkult verführt. Deshalb wird an unseren beiden Stellen ein und dieselbe Sünde des Abfalls zum „Götzendienst" im umfassenden Sinn dieses Wortes gemeint sein.

Nach überwiegender Auffassung ist „die Lehre Bileams" identisch mit der im folgenden Vers 15 genannten „Lehre der Nikolaiten", deren verwerfliche Ideen auch „Isebel" in Thyatira verficht. Johannes spricht an unserer Stelle von „der Lehre Bileams", um „die Lehre der Nikolaiten" mit einem Motiv der prophetisch verstandenen Vorgeschichte als zur Sünde verleitende Irrlehre brandmarken zu können. Um der Gefahr gesellschaftlicher Diskriminierung und wirtschaftlicher Schädigung zu entgehen, scheinen diese Nikolaiten, über die wir keine weiteren verläßlichen Nachrichten haben, Kompromisse mit der Denk- und Lebensweise der heidnischen Umwelt befürwortet zu haben. Was den heikelsten Punkt betrifft, werden sie, von einem wahrscheinlich gnostischen Denkansatz her, argumentiert haben: Es hat doch nicht viel zu bedeuten, wenn wir vor der Kaiserstatue sagen „Kyrios (= göttlicher Herr) ist der Kaiser" und eine Prise Weihrauch in die Glut werfen. Das ist eine äußerliche konventionelle Geste politischer Loyalität, die unseren wirklichen Glauben, das eigentliche Ich des Christen nicht berührt.

Die Antwort ist unerbittlich. Die ganze Gemeinde ist für die Ausmerzung dieser Kompromißtheologie verantwortlich. Und wenn die ihr Verfallenen nicht umkehren, wird sie das vernichtende Gericht treffen (V 16). Die Heilszusage (V 17 b) an die treu bleibenden Gemeindeglieder nimmt mit dem Bild vom endzeitlichen „Manna" das Motiv vom Essen des Götzenopferfleisches antithetisch auf. Der weiße Stein, auf dem der Name Christi steht, könnte deshalb als Eintrittsbillett zum messianischen Festmahl (vgl. 19, 5 ff) zu verstehen sein, wenn er nicht gar, im Sinne der damaligen Vorstellung von schutzkräftigen Amuletten, die Teilhabe am Sieg Christi über den Satan und seine Helfershelfer versinnbilden soll.

Das Damoklesschwert des römischen Kaiserkults ist aus der Welt verschwunden, keineswegs aber schon die kritische Situation, daß Christen manchenorts selbst bei verfassungsmäßig garantierter Religionsfreiheit für ihr freimütiges Bekenntnis schwere Benachteiligung bis zur Gefährdung ihrer beruflichen Existenz in Kauf nehmen müssen. Nicht nur in sogenannten Missionsländern gibt es auch heute noch genug Gemeinden, die sich als ausgesprochene Fremdlinge unter schwierigsten Umweltverhältnissen bewähren müssen. Und schon gar nicht ist das Problem der Kompromißstrategie mit den Nikolaiten aus dem Christentum verschwunden. Gleichen wir uns den Maßstäben und dem Niveau „dieser Welt" an? Oder haben wir den Mut, auch gegen Widerspruch und Spott das Niveau christlichen Verhaltens anzustreben? Das ist doch wohl die stets aktuelle Frage, mit der uns der „offene Brief" an die Gemeinde von Pergamon entläßt.

An die Gemeinde in Laodizea: 3,14–22

14 An den Engel der Gemeinde in Laodizea schreibe: Das sagt „der Amen", der treue und wahrhaftige Zeuge, der Anfang der Schöpfung Gottes:

15 Ich kenne deine Werke, daß du weder kalt noch heiß bist. Wärest du doch kalt oder heiß!

16 So aber, weil du lau bist, weder heiß noch kalt, will ich dich aus meinem Mund ausspeien.

17 Weil du behauptest: Ich bin reich und zu Reichtum gekommen und nichts fehlt mir, und weil du nicht weißt, daß gerade du der Elende und Erbärmliche und Arme und Blinde und Nackte bist,

18 rate ich dir: Kaufe von mir im Feuer geläutertes Gold,

damit du reich werdest, und weiße Kleider, damit du sie an-
ziehest und die Schande deiner Nacktheit nicht sichtbar sei,
und Salbe zum Bestreichen deiner Augen, damit du sehend
wirst.

19 Ich – die ich liebe, weise ich zurecht und nehme sie in
Zucht. Sei also eifrig und kehr um!

20 Siehe, ich stehe vor der Tür und klopfe an. Wenn einer
auf meine Stimme hört und die Tür öffnet, zu dem werde
ich hineingehen und Mahl halten mit ihm und er mit mir.

21 Wer siegt, der darf mit mir auf meinem Thron sitzen,
wie auch ich gesiegt und mich mit meinem Vater auf seinen
Thron gesetzt habe.

22 Wer ein Ohr hat, der höre, was der Geist den Gemein-
den sagt!

Weil du lau bist, wie zum Erbrechen reizendes lauwarmes
Wasser, will ich dich ausspeien aus meinem Mund
(V 15–16). Woher dieser den Herrn anwidernde Zustand einer Gemeinde, deren Anfänge wie die der Schwesterstädte
Hierapolis und Kolossä in die Zeit des Apostels Paulus zu-
rückreichen? Das im fruchtbaren Lykustal gelegene Laodizea galt als eine der reichsten Städte der alten Welt. Ihre
Textilindustrie sowie ihr Bank- und Geldwesen waren be-
rühmt. Auf seiner Kleinasienreise hatte Cicero seine Kredit-
briefe in Laodizea in Bargeld umgetauscht. Allem nach hat
auch die Christengemeinde vom äußeren Wohlstand der
Stadt profitiert und sich in satter Selbstzufriedenheit der Il-
lusion hingegeben, es sei auch mit ihrem religiösen Zustand
bestens bestellt.

Auf die eingangs ausgesprochene Anklage protestiert die
Gemeinde (V 17 a) mit Worten, die der Gegenrede Efraims
in Hosea 12, 8 gleichen: „Ich bin reich geworden und habe
mir ein Vermögen erworben." Einem Schema alttestamentlicher Prophetenrede entsprechend, bietet der Protest dem

erhöhten Herrn die Möglichkeit, die wirkliche Situation der Gemeinde noch mehr bloßzulegen (V 17 b). Die auffallende Qualifizierung des bejammernswerten religiösen Zustandes als „der Arme und Blinde und Nackte" ist bereits auf die bildliche Formulierung der nachfolgenden dreifachen „Kauf"-Empfehlung (V 18) ausgerichtet. Dieselbe nimmt sichtlich auf die merkantilen Verhältnisse der Stadt Bezug: mit dem Gold auf ihr Bank- und Geldwesen, mit den Kleidern auf die Herstellung kostbaren Tuchs, mit der auch vom griechischen Arzt Galen erwähnten Augensalbe auf ihre Medizinische Schule. Der Ausdruck „die Schande deiner Nacktheit" erklärt sich aus einem sehr ausgeprägten orientalischen Empfinden, das sich auch in der Bibel Israels häufig reflektiert. Bis auf die Haut entkleidet zu werden galt als schlimmste Demütigung und Schande, während schöne Bekleidung als größte Ehre galt (vgl. auch Lk 15,22). „Weiße" Kleider sind hier offenbar Bild für eine Lebensführung, die dem neuen Sein des Getauften entspricht. Betont heißt es an dritter und letzter Stelle: „damit du sehend wirst". Selbsterkenntnis ist auch hier die unerläßliche Voraussetzung für die notwendige Umkehr.

Ein Trost – nicht nur für Laodizea! Auch einer erbärmlichen Gemeinde gegenüber behält die werbende Liebe Christi das letzte Wort: Wenn ich euren widerlichen Zustand schonungslos aufdecke – letzteres ist mit dem „Züchtigen" hier gemeint –, so tue ich das nur aus Liebe, um euch aus eurer sträflichen Gleichgültigkeit zu eifrigem Bemühen aufzurütteln (V 19). Wer sich dem werbenden Ruf dieses Herrn öffnet, mit dem wird er in der volloffenbaren Gottesherrschaft das messianische Freudenmahl halten (V 20), auf das die Gläubigen ja auch bei der Feier des eucharistischen Mahles ausblicken sollen.

Und der letzte Siegerspruch verweist gewiß nicht zufällig auf den Sieg, durch den Jesus zum Throngenossen Gottes wurde. Geht es im jetzt beginnenden apokalyptischen Hauptteil doch darum, daß die Gläubigen in dem sie erwartenden Kampf nach dem Vorbild Christi durch Leiden und sogar durch den Tod hindurch zur Herrlichkeit gelangen. Darum – das will der letzte Weckruf nochmals allen Gemeinden einhämmern – kommt es jetzt wirklich darauf an, ob einer die mahnenden und verheißenden Worte des erhöhten Herrn hellhörig aufnimmt und sich nach ihnen richtet.

Die himmlische Ouvertüre der Visionen vom Endgeschehen:
4, 1 – 5, 14

Der im Himmel thronende Gott: 4, 1–11

1 Danach sah ich, und siehe, eine Tür war geöffnet am Himmel; und die erste Stimme, die ich wie eine Posaune mit mir hatte reden hören, sagte: Komm herauf hierher, und ich werde dir zeigen, was danach geschehen muß.

2 Sogleich wurde ich vom Geist ergriffen.

Und siehe, ein Thron stand im Himmel, und auf dem Thron saß Einer.

3 Und der Sitzende war anzusehen wie ein Jaspisstein und ein Karneol, und über dem Thron wölbte sich ein Regenbogen, der wie ein Smaragd aussah.

4 Und rings um den Thron (sah ich) vierundzwanzig Throne, und auf den Thronen vierundzwanzig Älteste sitzen, angetan mit weißen Gewändern, und auf ihren Häuptern goldene Kränze.

5 Und von dem Thron fahren Blitze aus und Stimmen und Donner. Und sieben Feuerfackeln brennen vor dem Thron, das sind die sieben Geister Gottes.

6 Und vor dem Thron war (etwas) wie ein gläsernes Meer, gleich Kristall.

Und in der Mitte, rings um den Thron waren vier Lebewesen voller Augen, vorn und hinten.

7 Und das erste Lebewesen glich einem Löwen, das zweite Lebewesen einem Stier, das dritte Lebewesen hatte das Gesicht wie das eines Menschen, und das vierte Lebewesen glich einem fliegenden Adler.

8 Und die vier Wesen, ein jedes von ihnen, hatten sechs Flügel, rings herum und innen voller Augen. Und sie ruhen nicht, bei Tag und Nacht, und rufen:
Heilig, Heilig, heilig
ist der Herr, der Gott, der Allherrscher,
der war und der ist und der kommt.
9 Und sooft die Lebewesen dem, der auf dem Thron sitzt und in alle Ewigkeit lebt, Herrlichkeit und Ehre und Dank erweisen,
10 werfen sich die vierundzwanzig Ältesten vor dem, der auf dem Thron sitzt, nieder und beten ihn an, der in alle Ewigkeit lebt, und legen ihre Kränze vor dem Thron nieder und sprechen:
11 Würdig bist du, unser Herr und Gott, die Herrlichkeit und die Ehre und die Macht zu empfangen.
Denn du bist es, der das All erschaffen hat,
und durch deinen Willen war es und wurde es erschaffen.

Das etwas formelhafte „Danach sah ich" markiert den Abschluß der einleitenden Christus-Vision und ihrer sieben Sendschreiben (1, 12 – 3, 22). Zugleich leitet es über zu der doppelstufigen Himmelsvision der Kapitel 4 und 5 – einer Art „Vorspiel im Himmel" (E. Lohse), mit dem der zweite größere Hauptteil (4, 1 – 22, 5), nämlich die Verkündigung des Endgeschehens, beginnt. Das „ich wurde vom Geist ergriffen", das die Christus-Vision (1, 10 – 3, 22) einführte, wird hier wiederholt (V 2 a), obwohl zum Abschluß des letzten Sendschreibens (3, 22) von einer Beendigung des ekstatischen Zustandes nicht die Rede war. Daran darf man sich nicht stören. Die Wiederholung des „ich wurde vom Geist ergriffen" von 1, 10 ist durch den „Standortwechsel" des Sehers bedingt. Dieser wird von der früher (1, 10) vernommenen Himmelsstimme nun aufgefordert, zur geöffneten Himmelstür heraufzukommen (V 1). Obwohl dieses Hin-

48

aufsteigen durch das In-Geist-Geraten (V 2 a) zur Ausführung kommt, muß diese Wendung nicht unbedingt als Behauptung körperlicher Entrückung verstanden werden.

Dem altorientalischen Weltbild entsprechend, ist „der Himmel" als lokalisierbarer Wohnsitz Gottes vorgestellt, näherhin als ein Palast, der auf dem fest gebauten Gewölbe (= Firmament) aufruht. Im Zuge dieser Vorstellung ist das Himmelsgewölbe zugleich die Grenzscheide zwischen Jenseits und Diesseits geworden. Um „eine Erscheinung Gottes" zu sehen, muß sich einem Sterblichen wie Ezechiel der Himmel öffnen (Ez 1,1).

Wie in der Gottes-Vision Jes 6,1 ff (vgl. auch Ez 1,26) sieht der Prophet auch hier zuerst einen im Himmel stehenden Thron und einen auf dem Thron Sitzenden (V 2 b). Das ist das geläufige biblische Anschauungsbild für Gottes herrscherliche Majestät. Gott ist und bleibt unergründliches Geheimnis. Der Seher wagt den Thronenden deshalb nur vergleichsweise, das heißt unzureichend zu beschreiben: mit Anklängen an die Gotteserscheinung Ez 1,26–28 als unsagbare Lichtherrlichkeit (V 3 a) sowie durch die furchterregenden Naturphänomene (V 5 a), die seit alters die Anwesenheit Jahwes begleiten (Ex 19,16.18; Ez 1,13 u.ö.). Der Bildzug vom gläsernen Meer (V 6 a) wird die Erhabenheit Gottes über die ganze Schöpfung anzeigen wollen.

Die Macht eines Herrschers manifestierte sich für altorientalisches und deshalb auch altbiblisches Empfinden in der Pracht seines Hofstaates. Unser Apokalyptiker begnügt sich darum nicht mit einem allgemeinen Hinweis auf das himmlische Engelheer, etwa nach dem Beispiel von 1 Kön 22,19: „Ich sah den Herrn auf seinem Thron sitzen und das ganze Heer des Himmels zu seiner Rechten und Linken stehen." Um die absolute Oberhoheit Gottes zu demonstrieren, zeichnet er ein möglichst eindrucksvolles Bild des himmlischen Hofstaates. Ehe er auch die „zehntausend mal

zehntausend" Engel (Dan 7, 10) in seine Himmelsvision einführt (5, 11 f), greift er mit großer gestalterischer Kraft verfügbare Engelvorstellungen auf, um den Gottesthron mit
hervorragenden Repräsentanten der Engelwelt zu umgeben.

Die „vierundzwanzig Ältesten" sind in Anlehnung an alttestamentliche Vorstellungsmodelle als eine Art „Thronrat" Gottes zu denken (V 4). Aus den sieben Planeten, an die
indirekt noch die von der Hauptvorlage Ez 1, 4–28 a inspirierten „Feuerfackeln" (Vgl. Ez 1, 27) erinnern (V 5 b), waren
sodann in jüdischer Tradition längst „die sieben heiligen
Engel" (Tob 12, 15), „die Engel des Angesichts" geworden.
„Die sieben Geister" – wie diese Thronengel nach jüdischem Sprachgebrauch auch heißen können – stehen als
Engelsboten zum Dienste Gottes bereit. Die aus mehreren
Schriftstellen (Ez 1, 4–21; 10, 8–17; Jes 6, 2 f) neugestalteten
„vier Lebewesen", die dem Thron am nächsten stehen
(V 6 b–8 a), werden am besten als angelische Thronwächter
verstanden. Noch deutlicher als die „sechs Flügel" bekundet die hochgradige Betonung der Allsichtigkeit (V 6 b.8 a)
die Wächterfunktion dieser hohen Engelgruppe.

Der Sinngehalt der bisherigen Vision vom thronenden
Gott wird nun durch zwei Engelgruppen auch ins Wort ge-
hoben: Gott ist der heilige und allmächtige Herr der ganzen
Welt und ihrer Geschichte. In der Berufungsvision des Je-
saja riefen die Serafim einander das Dreimal Heilig (=
„Trishagion") zu: „Heilig, heilig, heilig ist der Herr der
Heere. Von seiner Herrlichkeit ist die ganze Erde erfüllt"
(6, 3). Nachdem Johannes die „vier Lebewesen" (= die Keru-
bim Ezechiels) mit den sechs Flügeln der jesajanischen Sera-
fim (Jes 6, 2 f) ausgestattet hatte (V 8 a), kann er das Dreimal
Heilig aus dem Mund der vier Lebewesen erschallen lassen
(V 8 b).

In einem unaufhörlichen Wechselgesang wird dasselbe
durch eine vielsagende Huldigungsgeste (V 10) und ein Be-

kenntnislied (V 11) der „vierundzwanzig Ältesten", also des
angelischen „Thronrates", beantwortet. Im Unterschied zu
den umliegenden altorientalischen Vorstellungen ist Jahwe
schon für das Alte Testament stets „absoluter Souverän,
und sein Thronrat führt gehorsam seine Gebote aus... Der
Thronrat Jahwes existiert nur in Gemeinschaft mit seinem
Haupt, ohne das er nicht existenz- und handlungsfähig ist"
(H. J. Fabry). Das gilt erst recht für unseren christlichen
Apokalyptiker, der „einen der Ältesten" wohl auch in der
Rolle eines Erklärers (5, 5; 7, 13–17) auftreten, „die vierundzwanzig Ältesten" aber nie beratend oder auch nur als Ge-
richtsstaffage in Funktion treten läßt. Indem diese 24 Ältesten von ihren Thronen steigen, vor dem Thronenden anbetend niederfallen und ihre Kränze vor dem Thron niederlegen, demonstrieren sie nicht nur ihre Geschöpflichkeit,
sondern auch und vor allem, daß dieser Thronende der
wahre Gott ist, dem allein Anbetung gebührt. Auf die ihnen verbleibende priesterlich-kultische Funktion wiesen
schon ihre „weißen Gewänder" (V 4) hin, die ebenso zu ihrer Engelnatur passen.

Durch den „Würdig"-Ruf (V 11) führt der angelische
Thronrat den Lobpreis der vier Lebewesen – die später auch
als Symbole der vier Evangelisten aufgefaßt wurden – in ju-
belnder Zustimmung weiter. Neuere Untersuchungen
rechtfertigen zwar nicht die Annahme, dieses Loblied wie
auch die zahlreichen weiteren Hymnen unseres Buches
seien als Ganze schon vorgeprägte Stücke urchristlicher Liturgie. Wohl werden einzelne Elemente derselben entstam-
men. So setzt das „Würdig bist du" möglicherweise bereits
das bekannte „Es ist würdig, Gott Dank zu sagen" voraus.

Das Bild eines Thronsaales und Hofstaates kann dem aus-
geprägt demokratischen Denken von heute aber doch nicht
mehr imponieren! Wir würden unserem geschichtlichen
Verständnis ein schlechtes Zeugnis ausstellen, wenn wir

uns durch dieses selbstgefällige Unbehagen den Blick verstellen ließen für die starke Aussagekraft, die diese Gottesthronvision für die damaligen Hörer und Leser hatte. Diese empfanden den ganzen Tiefsinn, wenn der Seher die Glieder des angelischen Thronrates vor dem Thron Gottes die Kränze als Insignien ihrer Würde niederlegen läßt, so wie damals Vasallenkönige vor dem Oberkönig niederzulegen pflegten. Auch die Formel „dieser ist würdig" oder „du bist würdig" war im offiziellen Kaiserzeremoniell zu Hause, besonders bei der Ausrufung des Kaisers. Für die unmittelbaren Adressaten unseres Buches, die der Seher Johannes darauf einstellen möchte, daß die Forderung der kultischen Verehrung Domitians als „unser Herr und Gott" eine offene Verfolgung erwarten läßt, erhielt der himmlische „Würdig"-Ruf deshalb höchst aktuellen Sinn: Keine Sorge! Der Schöpfer der Welt sitzt im Regiment und wird als der absolute Herr der Welt und ihrer Geschichte offenbar werden. Das ist die tröstliche Wahrheit unserer Vision – damals, heute und allezeit!

Die Buchrolle mit den sieben Siegeln und das Lamm: 5, 1–14

1 *Und ich sah auf der Rechten dessen, der auf dem Thron sitzt, eine Buchrolle; sie war innen und außen beschrieben und versiegelt mit sieben Siegeln.*
2 *Und ich sah einen gewaltigen Engel, der mit lauter Stimme rief: Wer ist würdig, die Buchrolle zu öffnen und ihre Siegel zu lösen?*
3 *Aber niemand im Himmel, auf der Erde und unter der Erde konnte das Buch öffnen und einsehen.*

4 Da weinte ich sehr, weil niemand für würdig befunden wurde, das Buch zu öffnen und es einzusehen.

5 Da sagte einer von den Ältesten zu mir: Weine nicht! Siehe, gesiegt hat der Löwe aus dem Stamm Juda, der Sproß aus der Wurzel Davids; er kann das Buch und seine sieben Siegel öffnen.

6 Und ich sah zwischen dem Thron und den vier Lebewesen und inmitten der Ältesten ein Lamm, stehend, wie geschlachtet; es hatte sieben Hörner und sieben Augen; die (Augen) sind die sieben Geister Gottes, die über die ganze Erde ausgesandt sind.

7 Und es trat heran und empfing das Buch aus der Rechten dessen, der auf dem Thron saß.

8 Als es das Buch empfangen hatte, fielen die vier Lebewesen und die vierundzwanzig Ältesten vor dem Lamm nieder; alle trugen Harfen und goldene Schalen voll von Räucherwerk; das sind die Gebete der Heiligen.

9 Und sie singen ein neues Lied und sprechen:
Würdig bist Du,
das Buch zu nehmen und seine Siegel zu öffnen;
denn Du wurdest geschlachtet
und hast mit Deinem Blut Menschen für Gott erworben
aus allen Stämmen und Sprachen,
aus allen Nationen und Völkern,

10 und Du hast sie für unseren Gott
zu Königen und Priestern gemacht;
und sie werden auf der Erde herrschen.

11 Und ich sah, und ich hörte die Stimme von vielen Engeln rings um den Thron und um die Lebewesen und um die Ältesten; ihre Zahl war zehntausendmal zehntausend und tausendmal tausend.

12 Sie riefen mit lauter Stimme:
Würdig ist das Lamm, das geschlachtet ist,
Macht zu empfangen, Reichtum und Weisheit,

Kraft und Ehre, Herrlichkeit und Lob!
13 Und alle Geschöpfe im Himmel und auf der Erde, unter
der Erde und auf dem Meer, alles was in diesen (Bereichen)
ist, hörte ich sprechen:
Dem, der auf dem Thron sitzt, und dem Lamm
gebühren Lob und Ehre, Herrlichkeit und Kraft
in alle Ewigkeit!
14 Und die vier Lebewesen sprachen: Amen. Und die vier-
undzwanzig Ältesten fielen nieder und beteten an.

Mit dieser Szene kommt die Himmelsvision an ihr eigentli-
ches Ziel: Der erlösend gestorbene und auferweckte Jesus
Christus – und nur er – ist zur abschließenden Durchführung des göttlichen Heilsplanes befähigt. Diese fundamentale Wahrheit urchristlichen Glaubens bringt Johannes wiederum mit Hilfe alttestamentlicher Erzählmodelle zum
Ausdruck.

Wie der Prophet Ezechiel (2,9f) sieht Johannes auf der
ausgestreckten Hand Gottes eine Buchrolle, die „innen und
außen" beschrieben war (V 1). Im Unterschied zu Ez 2,9f,
wo Jahwe selbst die Rolle vor dem Propheten aufrollt, ist sie
hier jedoch versiegelt. Das deutet bereits daraufhin, daß es
sich bei ihrem Inhalt um Wahrheiten über das Endgeschehen handelt. Nach Dan 12,4 erhält Daniel den himmlischen Befehl, seine Buchrolle zu versiegeln „bis zur Zeit des
Endes", das heißt, bis die in ihr vorausgesagten endzeitlichen Ereignisse eintreten. Die siebenfache Versiegelung unterstreicht die umfassende Fülle und die einmalige Bedeutung des Inhalts dieser Buchrolle.

Wie geht die Szene weiter? Den nächsten Versen (V 2–5)
liegt vor allem das Modell der himmlischen Ratsversamm-
lung (Jes 6,8–13; 1 Kön 22,19–22) zugrunde. Gegenüber
seinen Vorlagen gestaltet Johannes freilich eine wesentlich
neue Szene. Die Frage nach dem „Wer" des zu Beauftragen-

den hebt über die alttestamentlichen Vorbilder hinaus ausdrücklich auf die moralische Qualifikation des Gesuchten ab: „Wer ist würdig…?" Vor allem ist der Seher auf die Wahrung der absoluten Erhabenheit (= „Transzendenz") des beauftragenden Gottes wie des von diesem beauftragten Christus bedacht. Die Frage „Wer ist würdig, die Buchrolle zu öffnen…?" wird deshalb nicht von Gott selbst gestellt, sondern von einem Engel; freilich von „einem gewaltigen Engel", dessen Stimme die Bewohner aller Bereiche des Universums erreicht (V 2). Die totale Fehlanzeige läßt Johannes in heftiges Weinen ausbrechen (V 3–4). Ein Augenblick von höchst dramatischer Spannung!

Daß sich der Gesuchte jetzt selbst zu Wort meldet wie in den alttestamentlichen Erzählmodellen, wäre dem alle Gottesboten überbietenden gottgleichen Christus unangemessen. Die erlösende Botschaft kommt aus dem Mund eines Gliedes des angelischen Thronrats: Es gibt doch einen, der sich für die Öffnung des versiegelten Buches qualifiziert hat (V 5). Dieser Eine wird mit zwei altbiblisch vorbereiteten Messiasprädikationen als der Erfüller der Prophetie bezeichnet. „Der Löwe aus dem Stamm Juda" (vgl. Gen 49,9 f) kennzeichnet den Messias als machtvollen Eroberer und Herrscher. „Der Sproß aus der Wurzel Davids" verweist auf den idealen König von Jesaja 11,1–10, der gerecht richten und die Friedenszeit bringen wird. Dieser Messias ist imstande, die versiegelte Buchrolle – um eine solche handelt es sich wohl, nicht um einen „Kodex", wie er in der späteren christlichen Kunst üblich geworden ist – zu öffnen und dadurch das Geschehen der Endzeit in Gang zu setzen, weil er schlechthin, ein für allemal „gesiegt" hat.

Nur wer auf der unhaltbaren Meinung bestehen wollte, die in unseren Kapiteln 4 und 5 geschilderte Himmelsszene müßte genauso von Johannes wahrgenommen worden sein, könnte es sonderbar finden, daß dieser erst jetzt zwischen dem thronenden Gott und den vier Lebewesen Christus selbst erblickt, obwohl ihn der Glaube schon seit Ostern als Auferweckten „im Himmel" weiß. Vergessen wir nicht, daß auch diese Szene Glaubenswahrheiten veranschaulichen will. Das gilt auch für die einzelne Bildgröße.

So erscheint der zuvor als „Löwe" bezeichnete messianische Sieger jetzt unter dem Bild eines Lammes, weil dieses Bildwort den einzigartigen, ja paradoxen Weg zum Ausdruck bringen kann, auf dem Jesus die Prophetien vom siegreichen Messias erfüllt hat: durch sein Sterben als Opferlamm. Die Chiffrierung „ein Lamm, stehend, wie geschlachtet" (V 6) symbolisiert den Messias Jesus, der sein Leben in den Opfertod hingab, aber aus diesem auferweckt und zu gottgleicher Machtstellung erhöht wurde. Um diese beiden Aspekte miteinander verbinden zu können, wählt Johannes statt des sonst auf Jesus angewandten Wortes für Lamm („amnos") einen doppelwertigen Ausdruck (= „arnion"), der im damaligen Griechisch sowohl das „Lamm" als auch den „Widder" bezeichnen kann. Nur die gleichzeitige Vorstellung des Widders, der schon für sich genommen als Bild der Kraft und Herrschaft galt (vgl. Dan 8, 3), erlaubt es, das Lamm mit Hörnern als altbekannten Insignien der Stärke und herrscherlichen Würde auszustatten. Die Siebenzahl der Hörner und der als „sieben Geister Gottes" (vgl. Sach 4, 10) gedeuteten Augen besagen: Macht und Wissen besitzt der erhöhte Herr in göttlicher Fülle.

Aufgrund der vollkommenen Aktionseinheit zwischen Gott und seinem Christus erfolgt die Übernahme der Buchrolle ohne jeden weiteren Umstand (V 7). „Es (= das Lamm) trat heran…" Der eben erst bildlich als „ein Lamm" eingeführte Christus wird jetzt schon titular als „das Lamm" bezeichnet. Da Johannes mit seinem Bildwort „Lamm" zwei ihm besonders angelegene Momente der Erlösergestalt Christi – den Opfertod und die gottgleiche Herrschermacht

– zusammenfassen kann, ist „das Lamm" sein meistge-
brauchter Christustitel geworden (28mal).

Wie vor dem thronenden Gott fallen auch vor dem
Lamme hohe Repräsentanten der Engelwelt anbetend nieder und jubeln ihm das „Würdig bist du" zu (V 8–10), das
sodann vom Wechselgesang des gesamten unzähligen En-
gelchors aufgenommen wird (V 11–12). Ja, die gesamte
Schöpfung, von den höchsten Geistwesen bis zu den leblo-
sen Kreaturen, huldigt dem Thronenden und dem Lamm in
einem grandiosen Akt kosmischer Liturgie (V 13). Der Lobpreis Gottes (4,9–11) und der des Lammes (V 9–12) vereinigt sich zu einem einzigen Hymnus (V 13) und endet in der
Anbetung Gottes und des Lammes (V 14). Das ist ein über-
wältigendes Zeugnis des Glaubens an die göttliche Würde
des Messias Jesus.

Worin sein „Sieg" bestand, ist jetzt verdeutlicht. Durch
das Ganzopfer seiner Lebenshingabe hat das Lamm aus allen Völkern, aus Juden wie Heiden, eine königliche und
priesterliche Heilsgemeinde erworben (V 9–10), die dieser
hohen Berufung in der sie bedrängenden Welt leben soll.
Durch diese einzigartige Großtat der Stiftung eines neuen
Bundes, der „ein neues Lied" (Ps 98,1 u.ö.) gebührt (V 9 a),
hat es sich als „würdig" erwiesen, den höchstmöglichen,
alle Welt und ihre Geschichte umfassenden Auftrag auszuführen, nämlich das versiegelte Buch zu öffnen; und das bedeutet eben: das von Gott vorherbestimmte Endgeschehen
in Gang zu setzen und damit das Werk der Erlösung zu vollenden (V 9–10). „In dieser Hoffnung wird die auf Erden lei-
dende Kirche gestärkt, indem sie sich mit den im Himmel
jubelnden Scharen verbunden wissen darf" (E. Lohse).

Die Öffnung der sieben Siegel: 6,1–8,6

Die ersten vier Siegel:
Die „apokalyptischen" Reiter: 6,1–8

1 Und ich sah, als das Lamm das erste der sieben Siegel öffnete, hörte ich das erste der vier Lebewesen wie mit Donnerstimme rufen: Komm!

2 Und ich sah, und siehe, ein weißes Roß; und der, der darauf saß, hatte einen Bogen, und es wurde ihm ein Kranz gegeben, und er zog aus als Sieger und um zu siegen.

3 Und als das Lamm das zweite Siegel öffnete, hörte ich das zweite Lebewesen rufen: Komm!

4 Da kam ein anderes, ein feuerrotes Roß hervor, und dem, der darauf saß, wurde gegeben, den Frieden von der Erde zu nehmen, und daß sie einander mordeten, und es wurde ihm ein großes Schwert gegeben.

5 Und als das Lamm das dritte Siegel öffnete, hörte ich das dritte Lebewesen rufen: Komm! Und ich sah, und siehe ein schwarzes Roß, und der, der darauf saß, hatte eine Waage in seiner Hand.

6 Und inmitten der vier Lebewesen hörte ich etwas wie eine Stimme sagen: Ein Maß Weizen für einen Denar und drei Maß Gerste für einen Denar. Aber dem Öl und dem Wein füge keinen Schaden zu.

7 Und als das Lamm das vierte Siegel öffnete, hörte ich die Stimme des vierten Lebewesens rufen: Komm!

8 Und ich sah, und siehe, ein fahles Roß; und der, der darauf saß, hieß „(der) Tod", und die Totenwelt zog hinter ihm her.

*Und es wurde ihnen Macht gegeben über ein Viertel der
Erde, zu töten durch Schwert, Hunger und Tod und durch
die Tiere der Erde.*

Eine Buchrolle, um die mit sieben Siegeln befestigte
Schnüre gelegt sind, kann an sich erst eingesehen werden,
nachdem alle sieben Siegel erbrochen sind. Da Johannes im
Anschluß an Ezechiel 2,9 f von einer „innen und hinten"
beschriebenen Rolle sprach (5,1), läßt man vielfach mit der
Lösung der ersten sechs Siegel je ein Stück der Außenbe-
schriftung lesbar werden und nach der Lösung des siebten
Siegels (8,1) die Eröffnung des innerhalb der Rolle Nieder-
geschriebenen beginnen. Das verleitet dann manche Ausleger zu der weiteren Annahme, das eigentliche Endgeschehen folge erst in den Kapiteln 8–22, während die Erbre-
chung der ersten sechs Siegel nur vorläufige Ereignisse
auslöse. Diese Unterscheidung erweist sich als unhaltbar.
Man darf getrost darauf verzichten, Johannes eine exakte
Auskunft über den Entsiegelungsvorgang abverlangen zu
wollen. Wie die versiegelte Buchrolle selbst dient ihm auch
die Lösung ihrer sieben Siegel als literarisches Mittel apokalyptischer Darstellung. Entscheidend ist für ihn die Vorstellung, daß durch die Entsiegelung das Endgeschehen in Gang
gesetzt wird.

Um dasselbe möglichst eindrucksvoll verkünden zu können, schöpft er in immer neuen Ansätzen aus dem reichen
Repertoire apokalyptischer Motive und Materialien, angefangen mit dem schon alttestamentlich vorbereiteten Ge-
meinplatz der messianischen oder eschatologischen „Wehen". Nach apokalyptischer Erwartung geht dem Endgericht eine erschreckende Steigerung aller moralischen und
physischen Übel dieser Welt vorauf, die gleich den Wehen
einer Gebärenden auf die bevorstehende Geburt einer
neuen Welt und Weltzeit hinweisen. In einem alles Bishe-

rige überbietenden Ausmaß werden Sünden und Unge-
rechtigkeiten, Verfolgung, Krieg, Hunger und Krankheiten,
Heimsuchungen aller Art, Störungen im Lauf der Gestirne,
Naturkatastrophen wie Erdbeben usw. die Menschheit er-
schüttern. Schon die sogenannte Endzeitrede des älteren
Markusevangeliums nannte als „Anfang der Wehen":
Kriege, gegenseitigen Kampf aller Völker, Erdbeben und
Hungersnöte (Mk 13,7 f), des weiteren noch im besonderen
die Verfolgung um des Namens Jesu Christi willen (Mk
13,9–13).

Unsere visionäre Darstellung des endzeitlichen Geschehens beginnt somit durchaus stilgemäß mit Beispielen
eschatologischer Wehen. Dazu hatte nebenbei bereits das
aus Ezechiel übernommene Bild der Buchrolle das Stichwort geliefert. Denn „geschrieben war auf ihr Klage, Seuf-
zen und Wehe" (Ez 2,9). Die durch die Lösung der ersten
vier Siegel in Aktion tretenden vier Reiter (V 1–8) sind als
„allegorische Personifikationen der durch sie bewirkten Plagen" anzusehen (A. Wikenhauser). Sie verdienen schon deshalb unsere Beachtung, weil sie seit Dürers berühmter Darstellung zu den bekanntesten Bildgrößen des Buches zählen.

Daß die vier Visionen eine Einheit bilden, gibt schon der
wesentlich gleiche Aufbau der vier Einzelszenen zu erkennen. Wenn das Lamm ein Siegel öffnet, ruft eines der vier
Lebewesen (= der Thronwächterengel): „Komm!" Es erscheint je ein Roß, das eine bestimmte symbolische Farbe
hat und einen Reiter trägt, dessen Attribute auf Art und Inhalt seines Wirkens hindeuten. Woher Roß und Reiter jeweils kommen, wohin sie ausziehen, ist nicht zu fragen.

Die Idee der Rosse und ihrer Farben sowie das Motiv der
Vierzahl stammen aus den Visionen Sacharja 1,7–15;
6,1–8. Die völlige Neubearbeitung der Sacharja-Motive, die
Johannes möglicherweise schon in der Überlieferung vor-

fand, erklärt sich daraus, daß die vier Reiter nun als allegorische Figuren für Beispiele endzeitlicher „Wehen" dienen.

Der erste Reiter auf einem weißen Roß (V 2) scheint den Eroberungskrieg, die schlechthin siegreiche militärische Invasion zu symbolisieren.

Der Reiter auf dem feuerroten Roß (V 4) versinnbildet den Kampf aller gegen alle, näherhin wohl den totalen Bürgerkrieg.

Das Emblem des Reiters auf dem Roß mit der Unglücksfarbe (V 5 f) ist die Waage, das uns Älteren nur zu bekannte Zeichen strenger Rationierung der Lebensmittel. „Ein Maß" (ungefähr ein Liter) Weizen war die Tagesration eines Arbeiters und soll einen Denar, somit seinen ganzen Tageslohn (vgl. Mt 20,2) kosten. Gemessen an damaligen Normalpreisen, ist der Weizen damit zwölfmal und die Gerste achtmal teurer. Ein Taglöhner, der für seinen Tagesverdienst statt Weizen die geringerwertige Gerste kauft, kann auf diese Weise zwar notdürftig das Brot für eine oder zwei Personen mitbestreiten. Es bleibt ihm aber kein Pfennig zum Erwerb anderer Dinge, die für den Lebensunterhalt nötig sind. Zu diesen gehörte im Orient Olivenöl – dieses vor allem – und Wein, für die unser Text höchst merkwürdig einen normalen Ernteertrag voraussetzt. Da hätten wir es mal wieder! Auch der liebe Gott scheint also seine Heimsuchung so ausfallen zu lassen, daß sich die Reichen nach wie vor auch Wein und Öl leisten können, der kleine Mann jedoch nicht... Der Verdacht ist kaum berechtigt. Von einer schon alttestamentlichen Vorstellung inspiriert, wird unser Seher mit der Verschonung der Ölbäume und Reben bereits auf die spätere Vernichtung eines Drittels der Bäume (8,7), also auf eine nachfolgende Steigerung der endzeitlichen Wehen, vorausblicken wollen.

Beim Reiter auf dem leichenfarbenen Roß (V 8) wird statt eines Emblems der schauererregende Name genannt. „Der

Tod" – es ist vor allem an ein durch die Pest verursachtes Massensterben gedacht – hat die personifizierte „Totenwelt" im Gefolge: die vielen Todesopfer werden sofort eingeheimst.

Die Ezechiel 14, 21 aufgreifende Nennung der vier Tötungsarten (V 8 b) soll die Schriftgemäßheit der vier Heimsuchungen unterstreichen. Dieser Ezechiel-Aufzählung zuliebe könnten – statt „des Bogens" – „die (wilden) Tiere der Erde" genannt sein. Die nicht geographisch zu verstehende Angabe „ein Viertel der Erde" soll sodann den noch begrenzten Umfang der todbringenden Heimsuchungen anzeigen. Die Menschen sollen durch dieselben ja zur Umkehr bewogen werden.

Umstritten ist die Frage, ob und inwieweit Johannes mit den vier Heimsuchungen zugleich auf damals aktuelle Verhältnisse und Nöte im westlichen Kleinasien anspielen will. Am auffälligsten bleibt die Zeichnung des ersten Reiters. Sie erinnert an die gefürchteten Partherheere, die aus berittenen Bogenschützen bestanden; und ihre Könige bzw. auch Unterkönige (Satrapen) kämpften auf weißen Rossen. In den Parthern, die unter Mithridates I. (ca. 171–137 v. Chr.) ganz Iran und Mesopotamien ihrem Reich einverleibt und wiederholt die Ostgrenzen des Römischen Reiches überschritten hatten, erblickten die Römer je länger, desto mehr ihre gefährlichsten Gegner, während die Panthereinfälle bei vielen von Rom beherrschten Völkern des Ostens die Hoffnung auf den baldigen Untergang des Imperiums weckten. Es ist möglich und manchen Autoren gilt es sogar als sicher, daß unser Apokalyptiker diese Situation im Auge hat. Gerade auch in diesem Fall wäre es gut verständlich, daß der erste Reiter einfach als „Sieger" gezeichnet und bei ihm, im Unterschied zu den drei anderen, auf die Zuschreibung einer besonderen Todesart verzichtet wird. Ein totaler Sieg des parthischen Invasionsheeres würde die totale Niederlage des römischen Heeres bedeuten. Deutlicher bräuchte der Seher gar nicht zu werden, so er bei der figürlichen Darstellung des Invasionskriegs einen erfolgreichen Einbruch der Partherheere im Auge hatte und speziell auch diesen als Vorzeichen des kommenden Gerichts verstanden haben wollte.

Die Seelen der Blutzeugen am Fuß des himmlischen Altars: 6, 9–11

9   Und als es (das Lamm) das fünfte Siegel öffnete, sah ich am Fuße des Altars die Seelen derer, die hingeschlachtet worden waren wegen des Wortes Gottes und wegen des Zeugnisses, das sie festhielten.

10   Und sie schrien mit lauter Stimme und sprachen: Wie lange noch, Herr, du Heiliger und Wahrhaftiger, hältst du nicht Gericht und rächst du nicht unser Blut an den Bewohnern der Erde?

11   Und jedem von ihnen wurde ein weißes Gewand gegeben, und es wurde ihnen gesagt, sie sollten noch kurze Zeit warten, bis die Zahl ihrer Mitknechte und Brüder, die ebenso wie sie getötet werden müßten, voll geworden sei.

Wie schon erwähnt, zählt die zunehmende Verfolgung der Glaubenstreuen zu den klassischen Beispielen endzeitlicher Wehen, was uns ja auch die der synoptischen „Apokalypse" zugrundeliegende Tradition (Mk 13, 9–13) bestätigte. Während die vier Reiter-Visionen Heimsuchungen vorführten, die alle Menschen treffen, signalisiert der Seher jetzt die Unterscheidung zwischen Verfolgern und Verfolgten. Er erwartet für die nächste Zukunft eine schwere Verfolgung der Christen, die den Kaiserkult verweigern. Und diese ist

für ihn zweifellos das eigentlich aktuelle Vorzeichen des nahenden Gerichts.

Das Thema Verfolgung wird in unserer Vision aber noch
nicht in der späteren Ausführlichkeit behandelt. Es wird
zum Beispiel noch nicht gesagt, durch wen und was diese
Auseinandersetzung verursacht wird und warum die Verfolger so große Macht haben. Fürs erste genügt es, die Leser
vom Himmel selbst erfahren zu lassen, daß sie sich sogar
auf das Erleiden des Zeugentodes einstellen müssen, diese
schwere Bewährung vom absoluten Herrn der Geschichte
aber im voraus eingeplant ist. Diese Auskunft wird indes
nicht unmittelbar den auf Erden lebenden Christen zuteil,
sondern den schon in der Nähe Gottes befindlichen „Seelen" der Blutzeugen, also den das Sterben überstehenden
Subjekten menschlichen Handelns. Das erklärt sich aus
dem apokalyptischen Darstellungsmodell, dem Johannes
folgt. So läßt auch das vierte Esra-Buch die in ihren „Kam-
mern" befindlichen Seelen der verstorbenen Gerechten fragen: „Wie lange sollen wir noch hier bleiben? Wann erscheint endlich die Ernte unseres Lohnes?" Und sie bekommen zur Antwort: „Wenn die Zahl von euresgleichen voll
geworden sein wird" (4,35).

Unsere Apokalypse verwendet das griechische Wort für
„Zeuge" (mártys) noch nicht im späteren engeren Sinne von
„Märtyrer", nämlich als Bezeichnung eines Christen, der
unter Erleiden der Todesstrafe für Christus Zeugnis ablegt.
Doch spricht der Verfasser hier der Sache nach von Blutzeugen (V 9). Ob er dabei nur christlicher Märtyrer im Auge
hat, die es vor allem seit Nero bis in seine Gegenwart gab,
oder – wahrscheinlich – an alle bisherigen Märtyrer beider
Bünde denkt, ist nicht sicher zu entscheiden. Einer schon
jüdischen Vorstellung folgend, lokalisiert er die Seelen der
Märtyrer am Fuß des himmlischen Altars. Das geläufige Ne-
ben- und Ineinander der Bilder vom himmlischen Palast∕

Thronsaal und vom himmlischen Tempel erlaubte es ihm ohne weiteres, im Himmel jetzt auch einen Altar zu erblicken. Nach altüberkommener Auffassung ist das Blut der Sitz des Lebens, der Seele (Lev 17, 11.14). Das Blut der Opfertiere wurde einst an den Fuß des Brandopferaltars des Jerusalemer Tempels gesprengt (Lev 4, 6 u. ö.) und damit das Leben dieser Tiere Gott als Opfer dargebracht. Johannes stellt das Sterben der Märtyrer als himmlisches Gegenstück zum Opferritus des irdischen Tempels dar, um die Hingabe ihres Lebens als ein Gott dargebrachtes Opfer kennzeichnen zu können.

Das sind doch noch erschreckend „unterchristliche" Glaubenszeugen! Anstatt mit dem sterbenden Heiland (Lk 23, 24) und Stephanus (Apg 7, 60) für die sie Tötenden zu beten, fordern sie „Rache" für ihr vergossenes Blut! (V 10). Man mokiert sich, obwohl die Menschen, Ungläubige wahrhaftig nicht weniger als Gläubige, doch seit je lauthals protestieren: Wie kann Gott nur soviel Unrecht zulassen? Existiert er wirklich, müßte er längst strafend eingreifen! Genau darum geht es ja bei dem in gut altbiblischer Sprache formulierten, deshalb auch an Gott selbst sich richtenden Flehruf der Märtyrerseelen. „Wie lange noch, Herr?... Warum dürfen die Heiden sagen: Wo ist nun ihr Gott? Vor unseren Augen werde offenbar an den Heiden die Rache für das Blut deiner Knechte, das sie vergossen" (Ps 79, 5.10). Was in unserer Vision zur Diskussion steht, ist nicht mangelnde Vergebungsbereitschaft und persönliche Rachgier der Märtyrer. Das Gott-Sein Gottes steht vielmehr auf dem Spiel: Wenn sich das klägliche Ende der Glaubenszeugen mit dem absoluten Herrentum des „heiligen und wahrhaftigen" Gottes reimen soll, dann muß dieser als solcher offenbar werden. Dann muß der Tag des Gerichtes kommen, an dem der Glaube an diesen Gott gerechtfertigt wird. So sehr das traditionelle Motiv vom „Heiligen Krieg" auch einige nachfolgende Inszenierungen des Endgerichts prägen wird, stellt der christliche Apokalyptiker die Bestrafung aller gott- und christenfeindlichen Mächte ausschließlich dem gerecht richtenden Gott anheim.

Was die von Johannes angesprochenen Christen beitragen können, um die Welt dem Tag des Gerichts und des Endheils näher zu bringen, sagt die Antwort des Himmels (V 11). Jener Tag, so lautet schon die Überzeugung jüdischer Apokalyptiker, wird erst kommen, wenn die von Gott bestimmte Zahl der Gerechten und Märtyrer voll ist. So lange sollen die Märtyrerseelen, die ja bereits den entscheidenden Sieg errungen haben, wie die Übergabe eines weißen Gewandes symbolisiert, noch auf ihre Rechtfertigung warten. Wie lange noch? Für einen echten Vertreter apokalyptischer Denk- und Redeweise ist die Zeit des Wartens wie die der Verfolgung eine „noch kurze Zeit" (vgl. Dan 2, 28 f). Denn es geht darum, die bis zur Tötung von Glaubenszeugen führende Prüfung von dem von Gott gesetzten Ende der Geschichte her, im Licht der endgerichtlichen Bestrafung und Rehabilitierung zu sehen, zu verstehen und zu bestehen.

Die Öffnung des sechsten Siegels: 6, 12–7, 17

a) Die unabwendbare Gewalt des Endgerichts: 6, 12–17

12 *Und ich sah, als es es (das Lamm) das sechste Siegel öffnete, entstand ein gewaltiges Beben, und die Sonne wurde schwarz wie ein härener Sack, und der ganze Mond wurde wie Blut,*

13 *und die Sterne des Himmels fielen auf die Erde, wie ein Feigenbaum seine Spätfeigen abwirft, wenn er von einem heftigen Wind geschüttelt wird,*

14   und der Himmel verschwand wie eine Buchrolle, die man zusammenrollt, und alle Berge und Inseln wurden von ihrer Stelle weggerückt.

15   Und die Könige der Erde und die Großen und die Heerführer und die Reichen und die Mächtigen und alle Sklaven und alle Freien verbargen sich in den Höhlen und Felsen der Berge.

16   Und sie sagen zu den Bergen und Felsen: Fallt auf uns und verbergt uns vor dem Blick dessen, der auf dem Thron sitzt, und vor dem Zorn des Lammes;

17   denn gekommen ist der große Tag ihres Zorns. Und wer kann da bestehen!

Keine Sorge! – führt unsere Vision das Gerichtsthema weiter: Mit erschreckender Gewalt wird das unabwendbare Endgericht über die schuldbeladene Menschheit hereinbrechen.

Eine Frage zuvor: Wie kann Johannes schon an dieser Stelle vom Gekommensein des Gerichtstages sprechen (V 17), wo er doch im folgenden noch ganze Serien katastrophaler, das Endgericht erst voranzeigender Heimsuchungen bringen wird (8, 2 ff; 15, 1 ff)? Das kann unser apokalyptischer Prediger, weil er seine Visionenfolge ganz offenkundig nicht als Beschreibung des konkreten Ablaufs und Hergangs des Endgeschehens verstanden haben will.

Kosmische Katastrophen der hier geschilderten Art versinnbildeten schon bei den Propheten die absolute Macht, über die der richtende Gott verfügt. Johannes war denn auch nicht der erste Christ, der sich dieser Gerichtsbilder bediente. Schon die synoptische „Apokalypse", die wie er auf die geläufigsten Beispiele eschatologischer Wehen (Kriege, Hungersnöte, Seuchen und Verfolgung) eine Schilderung des Endgerichts folgen ließ, hatte die göttliche Macht des zum Gericht kommenden Menschensohnes mit den stereotypen Erschütterungen des Universums angekündigt: „Aber in jenen Tagen, nach der großen Not, wird sich die Sonne verfinstern und der Mond nicht mehr scheinen, die Sterne werden vom Himmel fallen..." (Mk 13,24–26 und Parallelen).

Aus fast durchweg alttestamentlichen Fundstellen gestaltet Johannes ein noch grelleres Bild. Der Vergleich der Verfinsterung der Sonne mit einem als Trauerkleidung dienenden „Sack(gewand)" ist Jer 50,3 G entnommen (V 12b). Die Verse 13 und 14a sind sodann von der Gerichtsankündigung gegen Edom (Jes 34,4 G) inspiriert. Diese ließ den Himmel (nämlich das als ausgespanntes Zeltdach vorgestellte Himmelsgewölbe) gleich einer Buchrolle sich wieder zusammenrollen und dann alle Sterne vom Himmel fallen, wie das Laub von einem Feigenbaum abfällt. Im Unterschied zu dieser Vorlage nennt Johannes zuerst das Herabfallen der Sterne, weil diese zusammen mit den beiden Lichtträgern Sonne und Mond eine traditionelle Dreiheit – „Sonne, Mond und Sterne" (vgl. Mk 13,24 f) – bilden und als Träger der Ordnung des gesamten Kosmos galten. Mit dem nachfolgend genannten Bildzug vom Entschwinden des Firmaments kann er sodann überaus kunstvoll eine für die Reaktion der schuldbeladenen Menschen wesentliche Vorstellung vorbereiten, nämlich das Sichtbarwerden des richtenden Gottes und Lammes, deren Blick sie sich jene entziehen möchten (V 15–17).

Ehe der Seher diese Reaktion beschreibt, läßt er, alttestamentliche Ansätze noch überbietend, auch „alle Berge und Inseln", die als die festesten Teile der Erde galten, von „ihren Orten" wegbewegt werden, was nach biblischem Sprachgebrauch ihren Untergang besagt (V 14b).

Von den Höchsten bis zu den Niedrigsten – versichern deshalb die Verse 15 und 16 – wird die Menschen eine derart schreckliche Angst vor dem bevorstehenden Gericht ergreifen, daß sie, wie wiederum mit Motiven alttestamentlicher Gerichtsschilderungen gesagt wird, sich in den Höhlen und Felsklüften verbergen (Jes 2,10.19. 21) und in ihrer Verzweiflung mit Hosea 10,8 die Berge und die Felsen (statt „der Hügel") anflehen, auf sie zu fallen und sie zu verbergen: vor dem Blick des thronenden Gottes und „vor dem Zorn des Lammes". Das fügt der christliche Apokalyptiker ausdrücklich hinzu, um mit dem nachfolgenden Ausdruck „der große Tag ihres Zornes" (V 17 a) die Aktionseinheit von Gott und Christus am Gerichtstag bekunden zu können.

Das hier zu beobachtende Verfahren, daß die angekündigten kosmischen Katastrophen auch in ihre eigentliche Aussage übersetzt werden, wurde wiederum schon von den Propheten gehandhabt. So war zum Beispiel Joel 2,10f zu lesen: „Die Erde zittert vor ihnen, der Himmel erbebt; Sonne und Mond verfinstern sich, die Sterne halten ihr Licht zurück... Ja, groß ist der Tag des Herrn und voll Schrecken. Wer kann ihn ertragen?" „Vor seinem Groll – wer kann da bestehen? Wer hält stand in der Glut seines Zornes?" (Nah 1,6a; ähnlich Mal 3,2).

Wie sollen sich die Menschen aber noch in den Höhlen und Felsklüften der Berge verstecken können (V 15), nachdem „alle Berge" zuvor schon „untergegangen" sind (V 14 b) – ganz abgesehen davon, daß die hier genannte Möglichkeit, sich zu verstecken und den Tod zu finden, für Flachlandbewohner kaum sinnvoll vorausgesetzt werden kann? Das brauchte unser Seher nicht als problematisch zu empfinden, weil und insofern es ihm hier seiner eigentlichen Intention nach nicht auf die Behauptung des Weltunterganges sondern auf die Versinnbildlichung der unabwendbaren Gewalt des kommenden Gerichts ankommt. Sein Vollzug selbst wird hier übrigens noch nicht geschildert. Auch von daher kann der Seher noch weitere, sogar höchst unterschiedliche Inszenierungen ein und desselben Endgerichts folgen lassen, wie sich uns noch zur Genüge bestätigen wird.

Den besonderen Aspekt dieser ersten Vision des Endgerichts, nämlich die unabwendbare Allgewalt, mit der dieses über die Menschheit hereinbrechen wird, bringt die abschließende bange Frage pointiert zum Ausdruck. „Und wer kann da bestehen?" (V 17 b). Niemand – muß die Frage der Verzweifelnden befürchten lassen. Tödlicher Schrecken müßte auch uns befallen, hätte unsere Offenbarungsschrift nicht schon gleich die weitere Antwort des Himmels bereit.

b) Die Versiegelung der „Hundertvierundvierzigtausend":
7, 1–8

Die tröstliche Antwort des Himmels ergeht in der unmittelbar anschließenden zweistufigen Vision von der Versiegelung der 144 000 aus allen Stämmen Israels (b) und von der unzählbaren Schar aus allen Völkern im Himmel (c). Weil der Öffnung der ersten fünf Siegel (6, 1–11) jeweils nur eine Visionseinheit folgte, wird diese Doppelvision (7, 1–17) meist als „Zwischenstück" oder „Einschub" bezeichnet. Diese Bezeichnung ist, im Grunde genommen, verfehlt, weil sie hier wie in anderen parallelen Fällen zu der falschen Vorstellung verführt, der Verfasser lasse einen fortlaufenden Gedankengang vermissen. Warum diese Doppelvision als weiterer Inhalt der Öffnung des sechsten Siegels zugeordnet und nicht etwa durch die Öffnung des siebten und letzten Siegels ausgelöst wird, wird uns der Apokalyptiker noch selbst verraten.

Besehen wir uns zunächst die wichtigsten Bildzüge der Versiegelungsvision (7, 1–8). Den beiden vorbereitenden Akten (V 1 und 2 f) liegen alte weltbildliche Vorstellungen zugrunde: die allseitige Begrenzung der Erdscheibe, die in

der Redeweise von „den vier Ecken der Erde" (Ez 7, 2) oder
auch von „den vier Enden der Erde" (Jes 11, 12) zum Ausdruck kommt; dann: vier verderbenbringende Winde, die
von diesen Ecken oder Enden ausgehen (vgl. Jer 49, 36); fer-
ner: die der Apokalyptik geläufige Kontrolle der Elemente
und Kräfte der Natur durch Engel; schließlich: der Osten als
Himmelsrichtung des einstigen Paradieses (Gen 2, 8) und
damit des Heils. Aus dieser Richtung steigt denn auch der
Engel mit dem heilverheißenden Siegelring Gottes empor.
Sein Befehl an die vier Wind-Engel, das Land, das Meer und
die Bäume bis zur erfolgten Versiegelung nicht zu schädi-
gen (V 3), hat eine doppelte literarische Funktion. Einmal
kann Johannes durch diesen Befehl bereits auf die nach der
Lösung des siebten Siegels einsetzende weitere Reihe endzeitlicher Wehen, nämlich von schweren Naturkatastrophen (8, 7 ff), vorausweisen. Sodann und vor allem kann er
den zentralen Akt der Versiegelung so einführen, daß er
nicht zu sagen braucht, er habe den Vollzug der Versiegelung – rein numerisch von immerhin 144 000 – „gesehen",
sondern es bei dem – umgehend erfolgten – „Hören" der
Zahl der Versiegelten (V 4 ff) belassen kann.

Das Bild der Versiegelung ist vor allem von Ezechiel
9, 1 ff inspiriert. Daselbst zeichnet ein Engel allen, die über
die Sünden Jerusalems tief betrübt sind, einen hebräischen
Buchstaben, nämlich ein Taw, auf die Stirn, wodurch diese
vor dem Erschlagenwerden durch die Vernichtungsengel,
die das Heer Nebukadnezzars symbolisieren, bewahrt bleiben (Ez 9, 4.6). Sowohl von diesem prophetischen Hinter-
grundtext als auch vom Motiv der zwölf Stämme Israels her
versteht es sich von selbst, daß hier nur vom Siegel „des lebendigen Gottes" die Rede ist. Da das althebräische „Taw"
wie ein X (= griechisches Chi, das der erste Buchstabe des
Namens „Christos" ist) oder ein liegendes Kreuz geschrieben wurde, fragen manche Ausleger freilich, ob der Seher

nicht doch an ein X (= Chi) als Chiffre für Christus gedacht habe. Johannes selbst enthebt uns der Sorge allzu ängstlichen theologischen Konkurrenz-Denkens, indem er an einer späteren Stelle von denselben 144 000 sagt, sie würden den Namen des Lammes und den Namen seines Vaters auf ihrer Stirn geschrieben tragen (14, 1).

Wer sind die 144 000 Versiegelten? Obwohl die zwölf Stämme Israels gegen Ende des ersten Jahrhunderts nach Christus längst nicht mehr existierten, kannte das Judentum die Erwartung einer endzeitlichen Wiederherstellung des Zwölf-Stämme-Volkes. Die Erfüllung dieser Erwartung erblickt Johannes in dem das Endheil erlangenden Gottesvolk aus Juden- und Heidenchristen. Dementsprechend ist auch die Zahl 144 000 nicht rein numerisch, sondern symbolisch zu verstehen. Da 1000 die Zahl der Fülle ist, werden für jeden Stamm 12 mal 1000 = 12 000 Versiegelte genannt, was bei 12 Stämmen 12 mal 12 000 = 144 000 ergibt. Diese Zahl ist Ausdruck der Vollständigkeit und einer immensen Summe zugleich.

Unsere Vision will somit sagen: Gott kennt im voraus die unermeßlich große Zahl all derer, die mit seiner Gnade das Endheil erlangen werden. Den sozusagen aktuellen Grund dieser tröstlichen Versicherung wird uns die anschließende Szene (7, 9–17) enthüllen.

c) Die unzählbare Schar „vor dem Thron und vor dem Lamm": 7, 9–17

9   Danach sah ich, und siehe: eine große Schar, die niemand zählen konnte, aus allen Nationen und Stämmen, Völkern und Sprachen; sie standen vor dem Thron und vor dem Lamm, angetan mit weißen Gewändern und mit Palmzweigen in ihren Händen.

10   Und sie rufen mit lauter Stimme und sprechen: Die Ret-

tung kommt von unserem Gott, der auf dem Thron sitzt, und von dem Lamm!

11 Und alle Engel standen rings um den Thron, um die Ältesten und die vier Lebewesen, und sie fielen vor dem Thron auf ihr Angesicht nieder, beteten Gott an

12 und sprachen:
Amen, Lob und Herrlichkeit,
Weisheit und Dank,
Ehre und Macht und Stärke
unserem Gott in alle Ewigkeit! Amen.

13 Da nahm einer der Ältesten das Wort und sagte zu mir: Diese da, in den weißen Gewändern, wer sind sie und woher sind sie gekommen?

14 Und ich erwiderte ihm: Du, mein Herr, weißt es! Und er sagte zu mir: Das sind die, die aus der großen Drangsal kommen, und sie haben ihre Gewänder gewaschen und sie weiß gemacht im Blut des Lammes.

15 Deshalb stehen sie vor dem Thron Gottes und dienen ihm bei Tag und Nacht in seinem Tempel, und der, der auf dem Thron sitzt, wird sein Zelt über ihnen aufschlagen.

16 Sie werden nicht mehr hungern und nicht mehr dürsten; und weder die Sonnen(glut) noch eine andere (sengende) Hitze wird auf sie fallen.

17 Denn das Lamm in der Mitte vor dem Thron wird sie weiden und zu Wasserquellen des Lebens führen, und Gott wird alle Tränen von ihren Augen abwischen.

Schon in der voraufgehenden Versiegelungsvision hatte Johannes im besonderen die gegenwärtig lebende Christengeneration im Auge, die seiner Erwartung zufolge einer schweren Verfolgung entgegengeht. Der Akt der Versiegelung wollte den Christen ja nicht die Bewahrung vor kommenden Leiden versichern: wohl aber, daß sie in der Verfolgung unter Gottes wirksamen Schutz gestellt sind. Anstatt in unserer Fortsetzungsvision die symbolische Bezeichnung „144 000 Versiegelte aus allen Stämmen der Söhne Israels" aufzunehmen, spricht der Autor jetzt im Klartext von einer unzählbar großen Schar aus allen Völkern und Stämmen, weil er neu ansetzt, nämlich die Versiegelten jetzt schon im Zustand ihrer himmlischen Vollendung „sah" (V 9 a) – während vom Bild des ausgrenzenden Aktes der Versiegelung her die Angabe einer Zahl, freilich einer symbolisch zu verstehenden Zahl, gefordert war, die er „hörte", nicht etwa durch Abzählen einer sichtbaren Schar feststellte.

Im Gegensatz zu jenen Menschen, die dem Gericht des Thronenden und des Lammes entfliehen möchten (6, 16 f), stehen diese Unzähligen mit den Zeichen des errungenen Sieges (weiße Gewänder und Palmzweige) vor dem Thron und vor dem Lamm (V 9 b). Und ihren Dank für die geschenkte Erlösung (V 10) beantwortet der Chor der Engel mit anbetender Huldigung und zustimmendem Lobpreis (V 11 f).

Die nun folgende authentische Identifizierung der Weißgewandeten (V 13 f) bestätigt das höchst aktuelle Anliegen der ganzen Doppelvision. Wie schon in der prophetischen Literatur, dient auch hier ein Frage-Antwort-Verfahren dazu, die Deutung einer Vision einzuführen. Die Vollendeten kommen aus „der großen Drangsal", womit seit Dan 12, 1 die böse letzte Zeit, vor allem die endzeitliche Bedrükkung des Gottesvolkes gemeint ist. Sie haben, wie das widersprüchliche Bild vom Weißwaschen der Gewänder im Blut des Lammes besagen will, nicht aus eigener Kraft, sondern kraft des erlösenden Sterbens des Lammes in der Verfolgung ihren Glauben bewahrt und die Vollendung erreicht (V 14 bc).

Die Versicherung, eine unzählbar große Schar werde in der großen Drangsal standhalten, kann die noch auf Erden Ringenden mit Zuversicht erfüllen (V 9). Erst recht darf diese das die Getreuen erwartende jenseitige Leben, das freilich nur mit bildlichen Vergleichen beschrieben werden kann, zu bleibender Bewährung ermuntern. Die Motive und alttestamentlichen Verheißungsworte, mit denen die Heilsvollendung versinnbildet wird (V 15–17), werden fast allesamt, meist ausführlicher, in der abschließenden Vision von der vollendeten Heilsgemeinde (21, 3 ff) wiederkehren.

Wozu schreibt Johannes denn überhaupt noch weitere fünfzehn Kapitel – wie wir im Sinne der späteren Texteinteilung sagen müssen – nieder? Die bisherigen Siegelvisionen (6, 1–7, 17) verwiesen ja bereits auf Vorzeichen des sicher kommenden Gerichts, auf seine unabwendbare Allgewalt und auf das ungetrübte Endheil der ihrer Berufung treu bleibenden Christen. Damit könnte das Buch doch eigentlich schließen! Nicht aber nach dem unserem Seher vorschwebenden Entwurf. Noch steht ja die Lösung des siebten und letzten Siegels aus.

Das siebte Siegel
und die sieben Posaunen:
8, 1–11, 19

Eine vorbereitende Szene im Himmel: 8, 1–6

1 Als es (das Lamm) das siebte Siegel öffnete, trat eine Stille im Himmel ein, wie eine halbe Stunde lang.

2 Und ich sah die sieben Engel, die vor Gott stehen, und es wurden ihnen sieben Posaunen gegeben.

3 Und ein anderer Engel trat mit einer goldenen Räucherpfanne an den Altar; und es wurde ihm viel Räucherwerk gegeben, damit er es mit den Gebeten aller Heiligen auf dem goldenen Altar vor dem Throne darbringe.

4 Und der Rauch des Räucherwerks stieg mit den Gebeten der Heiligen aus der Hand des Engels vor Gott empor.

5 Dann nahm der Engel die Räucherpfanne und füllte sie mit Feuer vom Altar und warf es auf die Erde; da begann es zu donnern und zu dröhnen, zu blitzen und zu beben.

6 Und die sieben Engel, die die sieben Posaunen hatten, rüsteten sich, um zu blasen.

Was wird die Öffnung des siebten Siegels bringen? Kurz gesagt: eine noch weiter ausholende Schilderung desselben, bereits skizzierten Endgeschehens. Sie wiederholt nicht nur schon Gesagtes unter anderen Bildern, sondern führt auch weiter. Noch nicht genannte oder erst angedeutete Aspekte, besonders hinsichtlich der Verfolgermacht und der Verfolgten wie deren gegensätzliches Endschicksal werden ausführlich behandelt. Großes Gewicht legt der Seher auch auf den Gedanken einer Steigerung innergeschichtlicher Katastrophen und Heimsuchungen, durch die Gott die Menschheit zur Besinnung und Umkehr bewegen möchte. Nicht zuletzt war es freilich auch die Fülle von Motiven, Vorstellungskomplexen und Schemata altbiblischer, besonders apokalyptischer Überlieferung, die der engagierte Prediger Johannes eine immer wieder neu ansetzende Folge von Illustrationen entwerfen ließ. Das durch die Öffnung des siebten und letzten Siegels freigesetzte Geschehen umfaßt, kompositionell gesehen, somit alles, was die nachfolgenden Visionen, von 8,2 bis zum letzten Vers der Schlußvision (22,5) zur Sprache bringen. Das ist auch der Grund, warum das Buch des Lammes im Folgenden nie mehr erwähnt wird.

Unmittelbar wird durch die Öffnung des siebten Siegels eine dramatische Pause ausgelöst (V 1), die die einzigartige Bedeutung der Lösung dieses Siegels unterstreichen und den Leser auf die neu ansetzende Verkündigung des Endgeschehens einstimmen soll. Ein fast bedrückend wirkendes halbstündiges Schweigen im Himmel (V 1) muß die gespannte, ja bange Erwartung wecken, was denn nun kommen werde. Den Kommentar liefert wieder das Alte Testament. Die Aufforderung, vor dem in seinem heiligen Tempel thronenden Gott stille zu sein (Hab 2,20; vgl. Sach 2,17), ist Zef 1,7 auf den nahenden Gerichtstag bezogen: „Schweigt vor Gott, dem Herrn! Denn der Tag des Herrn ist nahe."

Auf die Nähe dieses Tages verweist auch die traditionelle Gerichtsposaune. Es folgt indes nicht schon eine Vision vom Endgericht selbst, sondern eine Serie weiterer Beispiele von endzeitlichen Wehen (8,7 ff), die nach apokalyptischer Vorstellung dem Tag des Herrn voraufgehen. Weil die neue Siebenerreihe durch sieben Posaunenstöße der vor Gott stehenden sieben Engel ausgelöst werden wird, ist die traditionelle Gerichtsposaune hier versiebenfacht (V 2).

Bevor die sieben Engel (= die Erzengel) in Aktion treten,

läßt der Seher unter dem Bild des vom himmlischen Altar zu Gott aufsteigenden Weihrauches die Bitten der bedrängten Gläubigen um das Offenbarwerden der Gottesherrschaft zu Gott empordringen und ihre Erhörung bestätigen (V 3–4). Derselbe Engel, der „viel Weihrauch" (= die Bitten der Christen) zu Gott emporsteigen ließ, füllt die goldene Räucherpfanne mit glühenden Kohlen des himmlischen Altars und schleudert sie auf die Erde (vgl. Ez 10, 2), so daß Donner, Blitz und Erdbeben, die Begleiterscheinungen des sich offenbarenden Gottes (Ex 19, 16 G), entstehen (V 5), die hier zu den jetzt folgenden Vorzeichen des Gerichts überleiten.

Die ersten fünf Posaunen:
Furchtbare Naturkatastrophen: 8, 7–9, 11 (12)

Ein Engel nach dem anderen stößt nun in seine Posaune. Wie die ersten vier Siegelvisionen sind auch hier die ersten vier Posaunenvisionen (8, 7–12) einander parallel gebaut und in knapper Kürze gehalten.

Die furchtbaren Naturkatastrophen, die das Blasen der ersten vier Posaunen auslöst (8, 7–12), sind vor allem den ägyptischen Plagen (Ex 7–10) nachgebildet. Schon nach jüdischer Vorstellung werden die ägyptischen Plagen auch das letzte gottfeindliche Weltreich treffen. Im Unterschied zum Einst werden sie jetzt kosmische Ausmaße erreichen. Je ein Drittel des Festlandes, des Meeres, des Süßwassers und der Gestirne wird vernichtend getroffen. Durch die Steigerung von einem Viertel (vgl. 6, 8: „den vierten Teil der Erde") auf ein Drittel soll angedeutet werden, daß diese vier Plagen noch ärger sind als die vorangegangenen, der Höhepunkt der Verwüstungen und des Schreckens aber noch

nicht erreicht ist. Nach der vierten Posaune macht der Seher denn auch einen Einschnitt und läßt einen Adler als
Gottesboten mit einem dreifachen „Wehe" noch schlimmere Heimsuchungen ankündigen (8,13).

Eine solche bringt das grauenhafte Heuschreckenheer,
das beim fünften Posaunenstoß auf der Bildfläche erscheint
(9,1–12). Zu diesem Bild wird der Seher durch die gewaltigen Heuschreckenschwärme der achten ägyptischen Plage
(Ex 10,1–20) und noch mehr durch die Heuschreckenvi-
sion des Propheten Joel (1,2–2,11) inspiriert worden sein.
Dieser deutete den verheerenden Kahlfraß, den futtersu-
chende Heuschreckenschwärme im Kulturland anrichten
konnten, als Vorzeichen der Zerstörung, die mit dem Tag
Jahwes kommen werde. Derselbe Joel hatte die einfallenden
Wanderheuschrecken sodann schon mit Rossen, dahinstür-
menden Reitern, rasselnden Streitwagen und mit einem zur
Schlacht gerüsteten Heer verglichen (Joel 2,4–5). Damit lie-
ferte er bereits einen Ansatz zur „Dämonisierung" des Heu-
schreckenpulks, die unser Apokalyptiker bis zu einem
grauenvollen Ausmaß steigert.

Zu diesem Zweck läßt dieser durch einen Engel Gottes,
der hier nach verbreiteter Auffassung durch einen „Stern"
versinnbildet wird, das im Erdinnern gedachte Gefängnis
böser Geister öffnen und aus diesem mit einem großen
Ofen verglichenen Strafort alles verfinsternde Rauchschwa-
den emporsteigen, aus denen ein Heuschreckenschwarm
hervorkommt und sich über die Erde ergießt. Das unheim-
lich dämonische Wesen dieser Heuschrecken zeigt sich
auch darin, daß sie nicht die Vegetation abfressen, sondern
gleich Skorpionen Stachel besitzen, mit denen sie die Menschen fünf Monate lang – die Lebenszeit einer Heu-
schrecke, die zugleich der von Heuschreckeneinfällen bedrohten Sommerperiode entspricht – entsetzlich quälen,
ohne sie sterben zu lassen (V 1 b–6). Man muß die Joel 1–2

noch stark überbietende Beschreibung der Gestalt der Heuschrecken schon selber nachlesen, um einen Eindruck zu
bekommen, wie sehr dem Seher daran liegt, durch die bi-
zarre Mischung menschlicher, tierischer und kriegerischer
Züge das Bild einer dämonischen Heeresmacht zu zeichnen
(V 7–10). Deshalb läßt er diese auch vom Anführer der gefallenen Geister befehligen, der auf hebräisch „Abaddon"
und auf griechisch „Apollyon", das ist „der Verderber",
heißt (V 11).

Die sechste Posaune: 9,13–11,14

a) Ein dämonisches Reiterheer: 9,13–21

Der Vision von der fünften Posaune folgte noch der Satz:
„Das erste Wehe ist vorüber; siehe, es kommen noch zwei
Wehe danach" (9,12). Was nun durch den sechsten Posaunenengel als zweites „Wehe" heraufgeführt wird, ist eine
noch schrecklichere Katastrophe (V 13–21), die zur Tötung
„eines Drittels der Menschen" führt (V 15.18). Im Anschluß
an das alttestamentlich und nachkanonisch geläufige Motiv
einer gewaltigen militärischen Invasion aus dem Norden
oder Osten läßt eine himmlische Stimme die vier am „großen Eufratstrom" – der ideellen Ostgrenze des verheißenen
Landes – gebundenen Strafengel los, damit diese ein uner-
meßliches Kriegsheer (vgl. bes. Ez 38,14–16) aufbieten:
„200 Millionen" (V 16) ist eine schlechthin phantastische
Zahl, wenn wir dieselbe an den damaligen Bevölkerungs-
verhältnissen und erst recht am Welthorizont des Verfassers messen. Dieser hat aber auch gar nicht mehr eine irdische Streitmacht im Blick. Das zeigt die völlig dämonisie-
rende Beschreibung, die u. a. Rosse und Reiter geradezu zu
einer Einheit verschmelzen läßt: „Sie (die Rosse und ihre

Reiter) trugen feuerrote und rauchblaue und schwefelgelbe Panzer. Und die Köpfe der Rosse waren wie Löwenköpfe, und aus ihren Mäulern kommt Feuer und Rauch und Schwefel" (V 17).

Mit derart grotesken Naturkatastrophen und mit hochmythologisch vorgestellten Szenen wie denen vom dämonisierten Heuschreckenheer und dem dämonischen Reiterheer können wir heute doch nichts mehr anfangen! Fragen wir aber doch lieber, was der christliche Apokalyptiker damit sagen will. Ausdrücklich hatte er vermerkt, die Heuschrecken sollen nur die Menschen peinigen, die das Siegel Gottes nicht an der Stirn tragen (9, 4). Mit diesen ist eine Menschheit gemeint, die Gott den Glauben und ehrerbietigen Gehorsam hartnäckig versagt, wobei vor allem schon an den götzendienerischen Kaiserkult gedacht sein wird (9, 20; 16, 2). Und wozu läßt Gott diese Katastrophe hereinbrechen? Nicht um der Strafe selbst willen. Die fürchterlichen Heimsuchungen sollen nicht nur die Strafgewalt Gottes erweisen, sondern demonstrieren, wie sehr „Gott auf die Buße der Menschen wartet und dringt" (H. Schlier). Aber wie reagieren die Menschen? Um einen Ausweg aus der schmerzlichen Peinigung zu finden, sehnen sie lieber vergeblich den Tod herbei (9, 6) anstatt in sich zu gehen und sich auf ihr eigenes Versagen und ihre trügerischen Illusionen zu besinnen. Ja auch furchtbarste Erfahrungen können sie nicht dazu bewegen, sich von ihrem Aberglauben und den von ihren eigenen Süchten geschaffenen Götzen abzuwenden (V 20–21).

„Unglaube und Ungehorsam beherrscht weiterhin das Feld" – so resümiert E. Lohse die Auslegung der Schlußverse 20–21. Läßt die bisherige Geschichte der Menschheit und einer weithin säkularisierten Christenheit etwa hoffen, das Urteil des Apokalyptikers werde sich doch noch als zu pessimistisch erweisen?

b) Der Engel und die geöffnete kleine Buchrolle: 10, 1–11

Wie bei der Öffnung des sechsten Siegels folgt auch beim Blasen der sechsten Posaune auf eine erste Vision (a) eine weitere kompositionelle Einheit, die – in drei Szenen (b, c, d) – Botschaften für den Seher und für die Heilsgemeinde Christi enthält (10, 1–11, 14).

Die Szenerie der diesen „Einschub" einleitenden Vision 10, 1–11 wird vor allen von zwei sehr ungleichen Größen bestimmt: einerseits von der Herrlichkeitsgestalt eines Himmelsboten, der als „der Engel des Herrn", genauer wohl als der Engel Gottes und Christi zugleich gekennzeichnet wird (V 1); andererseits von Johannes selbst, der als Empfänger himmlischer Botschaften und Befehle in Erscheinung tritt, was bereits eine besondere Funktion dieser Gesamtvision für den Fortgang des Buches vermuten läßt.

Die Vision verläuft in drei Schritten. Zuerst ruft der Engel durch ein löwenartiges Brüllen das Echo von sieben rollenden Donnern hervor und befiehlt sodann Johannes, das von den Donnern Gesprochene geheimzuhalten und es nicht niederzuschreiben (V 2 b–4). Was damit gemeint ist, ist schon deshalb nicht sicher zu entscheiden, weil nicht verraten wird, was Johannes die Donner sagen hörte. Weil selbst die zuvor genannte todbringende Heimsuchung die Überlebenden nicht zur Einsicht brachte (9, 20 f), könnten die Donner weitere, die götzendienerische Menschheit warnende Plagen angekündigt haben, die noch zurückgestellt werden, da Johannes zunächst anderes zu „sehen" und zu „hören" hat.

Das ist zunächst die anschließende Schwurszene (V 5–7), der zufolge die Zeit des Aufschubs der Endvollendung bald vorbei sein wird. Wie schon teilweise die erste, ist diese zweite Teilszene (V 5–7) als freie Neugestaltung der Schwurengelvision Dan 12, 4–9 zu verstehen. Beim ewig lebenden

Schöpfer der ganzen Welt schwört der Engel: „Es wird keine
(Verzugs-)Zeit mehr sein, sondern in den Tagen, wenn der
siebte Engel seine Stimme erhebt und seine Posaune bläst,
ist das Geheimnis Gottes vollendet, wie er es seinen Knechten, den Propheten, als frohe Botschaft kundgetan hat"
(V 6 b–7).

Was diese frohe Botschaft von der unwiderruflich abschließenden Durchführung des göttlichen Weltenplans
für die beiden großen Menschheitsgruppen des Apokalyptikers bedeutet, bringt die dritte Teilszene (V 8–11) zum Ausdruck. Ezechiels Bild von der Buchrolle (Ez 2, 8–3, 3) wird
jetzt ein zweites Mal aufgegriffen, gegenüber der Lamm-Vi-
sion des fünften Kapitels jedoch zu der völlig anders lauten-
den Zeichenhandlung der Verse 8–10 verwendet. Im Unterschied zu der das Ganze umfassenden, siebenfach versiegelten Buchrolle des Lammes handelt es sich jetzt denn auch
um eine „kleine" Rolle. Wie bei Ezechiel ist die Buchrolle,
die hier freilich auf der Hand des Engels liegt, geöffnet und
wird auf himmlisches Geheiß vom Propheten verzehrt. Wie
in Ez 3, 3 schmeckt die Rolle auch hier im Mund honigsüß,
verursacht dann aber, über Ezechiel hinaus, im Magen bit-
teres Aufstoßen. Diese Rolle enthält nämlich die Botschaft,
die der Prophet Johannes in der anschließenden Doppelvision (c und d) verkünden muß: der Weg zur beglückenden
Herrlichkeit wird nur durch die Bewährung in bitterem Leiden bis hin zum Martyrium führen.

Wie schon zuvor „muß" Johannes aber auch nochmals
bezüglich des Tuns und des Endschicksals der gott- und
christuswidrigen Menschheit prophetisch reden. Diese ist
gemeint mit der formelhaften viergliedrigen Aufzählung,
in der, gegenüber 5, 9, „Stämme" durch „Könige" ersetzt ist,
um schon hier auf die politischen Machthaber hinzuwei-
sen, die im Folgenden eine zentrale Rolle spielen.

Auch hier meint man zu verspüren, Johannes hat einige

Mühe, eine Fülle unterschiedlicher apokalyptischer Stoffe in den Aufbau seines Buches zu integrieren. Er versteht es aber doch, durch die Komposition unseres Kapitels 10 die Weichen für eine spiralförmig noch weiter ausholende Darstellung des Endgeschehens zu stellen und zugleich seine Leser in Spannung zu halten.

c) Das Ausmessen des Tempels: 11, 1–2

1   Dann wurde mir ein Rohr gegeben, einem (Meß-)Stab gleich, mit den Worten: Geh und miß den Tempel Gottes und den Altar und die, die dort anbeten!
2   Den Hof, der außerhalb des Tempels liegt, laß aus und miß ihn nicht, denn er ist den Heiden überlassen, und sie werden die heilige Stadt zertreten, zweiundvierzig Monate lang.

Gott kennt die Zahl der Getreuen, die in der endzeitlichen Verfolgung – deren Dauer ist gemeint mit der seit Daniel (7, 25: „eine Zeit und zwei Zeiten und eine halbe Zeit") stereotyp gewordenen Symbolzahl „3 ½ Jahre" = „42 Monate" = „1260 Tage " – mit seiner Gnade vor dem Abfall vom Glauben bewahrt werden. Das ist das erste, was die Apokalypse, unter einem anderen Bild als dem der Versiegelung der 144 000 (Kap. 7), zum Schicksal des Gottesvolkes zu sagen hat.

Besonders merkwürdig an dieser Szene ist keineswegs schon die Einbeziehung des Propheten Johannes in das symbolische Geschehen. Schon im vorhergehenden Kapitel wechselte Johannes aus der Rolle des bloßen „Sehers" und „Hörers" in die des Mitwirkenden (10, 4 c. 8–10). Auch das an Sacharja 2, 5–9 und Ezechiel 40, 3–43, 20 (die Maße des wiederaufzubauenden Tempels) erinnernde Bild vom Messen mit einem Meßstab (V 1) muß den Leser nicht befremden. Bereits die außerkanonische jüdische Überlieferung hat das Bild des „Messens" auch auf Menschen übertragen. So werden nach der (Äthiopischen) Henoch-Apokalypse die Gerechten durch Engel „gemessen", nämlich als Ausdruck bewahrender Ausgrenzung (61,1ff).

Was die Ausleger aber schon seit langem mit einigem Recht befremdet, ist der Umstand, daß die Bildhälfte vom Jerusalemer Tempel spricht. Sie versichert die Bewahrung des eigentlichen Tempelbezirks, obwohl der gegen Ende des ersten Jahrhunderts schreibende Johannes sicher weiß, daß im Jahr 70 nicht nur der in Vers 2 genannte Vorhof der Heiden, sondern auch der Tempel selbst von den römischen Truppen zerstört wurde. Daher nimmt man meist an, Johannes verwende hier einen zelotischen Prophetenspruch aus den Tagen des jüdisch-römischen Kriegs, der besagte: Auch wenn die Stadt und der Außenhof des Tempels in die Hände der Römer fallen wird, wird diesen doch der Zugang zum Tempel von Gott verwehrt werden.

Der entscheidende Grund, weshalb Johannes das kleine Traditionsstück hätte übernehmen können, freilich in einem übertragenen und damit völlig neuen Sinn, ist indes ein ganz und gar christlicher Sachverhalt. Die Bildbezeichnung der Heilsgemeinde als „Tempel Gottes" blieb nachweislich noch lebendig, nachdem der materielle Tempel schon in Schutt und Asche gesunken war. „Der Tempel Gottes und der Altar und die, die dort anbeten" (V 1), sind „ein gemeinsames Symbol für diejenigen..., die in der Verfolgung zu ihrem Glauben stehen" (H. Gollinger), nämlich für das Heiden- und Judenchristen umfassende priesterliche Gottesvolk des Neuen Bundes.

Die sich dem Schutz Gottes anvertrauen, werden das Endziel erreichen. Aber – so verdeutlicht der Seher mit dem auf den ersten Blick widersprüchlich wirkenden Auslassungsbefehl (V 2) die endzeitliche Situation – sie müssen die Verfolgung durch die heidnische Weltmacht bestehen.

d) Die zwei Zeugen: 11, 3–13 (14)

3   Und ich will meinen zwei Zeugen (Auftrag) geben und sie werden im Sackgewand zwölfhundertundsechzig Tage lang prophetisch reden.

4   Diese sind die zwei Ölbäume und die zwei Leuchter, die vor dem Herrn stehen.

5   Wenn jemand ihnen Schaden zufügen will, schlägt Feuer aus ihrem Mund und verzehrt ihre Feinde; so muß jeder sterben, der ihnen schaden will.

6   Diese haben die Macht, den Himmel zu verschließen, damit kein Regen fällt in den Tagen ihres prophetischen Wirkens, sie haben auch Macht, die Gewässer in Blut zu verwandeln und die Erde mit jeglicher Plage zu schlagen, sooft sie wollen.

7   Wenn sie ihren Auftrag als Zeugen vollendet haben, wird das Tier, das aus dem Abgrund heraufsteigt, mit ihnen Krieg führen und sie besiegen und sie töten.

8   Und ihre Leichen (bleiben liegen) auf der Straße der großen Stadt, die in geistgewirkter Sprache Sodom und Ägypten heißt, wo auch ihr Herr gekreuzigt wurde.

9   Und Menschen aus den Völkern und Stämmen, Sprachen und Nationen sehen ihre Leichen dreieinhalb Tage lang und lassen nicht zu, daß die Leichen begraben werden.

10   Und die Bewohner der Erde freuen sich über sie und jubeln und schicken sich gegenseitig Geschenke, denn diese zwei Propheten hatten die Bewohner der Erde gequält.

11   Aber nach den dreieinhalb Tagen kam von Gott her Lebensgeist in sie, und sie stellten sich (wieder) auf ihre Füße, und große Furcht überfiel alle, die sie sahen.

12   Und sie hörten eine laute Stimme vom Himmel her

ihnen zurufen: Steigt hierher empor! Und vor den Au-
gen ihrer Feinde stiegen sie in der Wolke zum Himmel
hinauf.
13 In diesem Augenblick entstand ein gewaltiges Erdbeben,
und der zehnte Teil der Stadt stürzte ein, und siebentausend
Menschen kamen durch das Erdbeben um, und die übrigen
gerieten in Furcht und gaben dem Gott des Himmels die
Ehre.

Ohne Andeutung einer Zäsur fährt die Himmelsstimme –
„meine zwei Zeugen" läßt auf die Stimme des erhöhten
Herrn schließen – fort und spricht vom Auftrag prophetischen Redens, den sie den zwei Zeugen erteilen will (V 3).
Dieser unvermittelte Übergang zu unserer Zwei-Zeugen-
Szene wird voll verständlich, sofern die nachfolgend befür-
wortete Deutung derselben zutrifft: daß diese nämlich die
Thematik der voraufgehenden Messungsszene weiterführen und die konkrete Bewährung der Christen in der endzeitlichen Verfolgung wie die sie erwartende Rechtfertigung ihrer Lebenshingabe versinnbilden will.

Bis zum heutigen Tag wird die Szene freilich noch unter-
schiedlich gedeutet. Das hängt vor allem damit zusammen,
daß Johannes sehr wahrscheinlich an eine jüdische Vorlage
anknüpfte. Meist denkt man an eine „Elija-Apokalypse",
die (mit beträchtlichen Abweichungen) die Wiederkehr des
Henoch und des *Elija,* ihre Tötung durch den endzeitlichen
Widersacher und ihren nachfolgenden Triumph verheißt.
Nun sind aber die „zwei Zeugen" mit der Wundermacht des
Mose (die Macht, Wasser in Blut zu verwandeln und die
Erde mit jeglicher Plage zu schlagen) und des *Elija* (Ver-
schließung des Himmels, Tötung durch verzehrendes
Feuer) ausgestattet (V 5–6). Deshalb wird auch vermutet, es
habe eine ältere jüdische Erwartung gegeben, derzufolge am
Ende der Zeit Mose und Elija wiederkehren und in – der

noch unzerstörten Stadt – Jerusalem erfolgreich als Bußpre-
diger wirken werden.

Zahlreiche Autoren, die die eine oder die andere jüdische
Überlieferung als Deutehorizont voraussetzen, lassen unsere Szene die Hinwendung des größten Teils der vor der Pa-
rusie lebenden Israeliten zum Christusglauben verheißen
(V 13). Unter Berufung auf Vers 8 b verstehen sie unter „der
großen Stadt" ausschließlich Jerusalem, das hier für das gesamte Israel stehe.

Der Kontext unserer christlichen Apokalypse empfiehlt
wohl eine andere Deutung, die hier nur andeutend begründet werden kann. Die zwei Zeugen werden nicht als Mose
und Elija unterschieden. Denn beide sind unterschiedslos
mit der Wunderkraft des einen und des anderen ausgestattet. Und das an erster Stelle genannte Feuer (V 5) weist sogar
auf einen anderen Propheten hin, nämlich auf Jeremia (Jer
5, 13 f). Die ausdrücklich als „Zeugen" (Christi) Eingeführten werden in freier Verwendung von Sach 4, 2 f. 11–14 als
„die zwei Ölbäume" bezeichnet, also mit dem gesalbten
Herrscher (Serubbabel) und dem gesalbten Priester (Josua)
verglichen. Da Johannes die Christen ja bereits nachdrücklich als das königliche und priesterliche Gottesvolk gekennzeichnet hat (1, 6; 5, 10), versteht er die zwei Zeugen, die
während der endzeitlichen Verfolgung – diese ist ja mit den
„1260 Tagen" gemeint – „prophetisch reden müssen" (V 3),
nicht als zwei individuelle hervorragende Propheten des alten oder des neuen Israel, sondern als Repräsentanten oder
Verkörperung der Christen insgesamt, die in der Welt als
„Leuchter" (V 4) wirken und den Christusglauben bis zum
Tod bezeugen müssen. Die vom Sacharja-Motiv geforderte
Zweizahl der Zeugen wurde auch dadurch ermöglicht, daß
nach gesamtbiblischer Auffassung für eine gültige Zeugnis-
ablage zwei Zeugen notwendig sind.

Das aus dem Abgrund aufsteigende Tier (V 7; Dan 7, 3 ff)

versinnbildet dieselbe „anti-christliche" Verfolgermacht,
wie das später (13,1 ff) erscheinende Tier aus dem Meer,
nämlich das Römische Imperium. Mit „der großen Stadt"
ist an allen anderen späteren Stellen des Buches die Reichshauptstadt Rom gemeint. Da jene hier aber auch ausdrücklich als Ort der Kreuzigung Jesu gekennzeichnet wird (V 8),
wird mit „der großen Stadt" die christenfeindliche Weltstadt überhaupt gemeint sein. Sie ist an allen Orten, an denen Christen nach dem Vorbild Jesu für ihr Zeugnis den
Tod erleiden müssen. Die „dreieinhalb Tage", während denen die Leichen zur Ächtung und zum schadenfrohen Jubel
der Zuschauer unbestattet auf „der Straße der großen Stadt"
liegenbleiben (V 8–10), symbolisieren eine Unheilsfrist; sie
sind als proportionale Verkürzung der in Vers 3 genannten
1260 Tage (= 3 ½ Jahre), der Symbolzahl für die Dauer der
endzeitlichen Drangsal zu verstehen.

Die Erwählung zu Gottes Eigentum, von der der voraufge-
gehende Messungsauftrag sprach (11,1–2), erfordert also
ernsthafte Bewährung: das priesterliche und königliche
Gottesvolk muß bereit sein, seine Zeugenfunktion bis zum
Erleiden des gewaltsamen Todes auszuüben, um die Rechtfertigung des Himmels zu erfahren, die wiederum mit traditionellen Bildzügen beschrieben wird (V 11–12).

Daß „die große Stadt" hier nur zu einem Zehntel zerstört
wird (V 13) und die weitaus meisten Bewohner, die bezeich-
nenderweise auch „die Bewohner der Erde" heißen können
(V 10), dem wahren Gott die Ehre geben (V 13), begründet
keinen unauflöslichen Widerspruch zur Totalvernichtung
„Babylons" = Roms (als der hauptschuldigen Repräsentantin der „anti-christlichen" Weltstadt) in der späteren Endgerichtsvision von Kapitel 18. Die endgerichtliche Bestrafung
schließt die Heilsabsicht vorgängiger Heimsuchungen Gottes nicht aus. Ein Apokalyptiker, der unbedingt Märtyrer-
geist wecken will, könnte mit dem abschließenden Vers 13

sehr wohl eine zusätzliche Motivierung zum Zeugendienst aussprechen wollen.

Durch den Zusatz „Das zweite Wehe ist vorüber, das dritte Wehe kommt bald" (V 14) markiert der Seher ausdrücklich den Abschluß der Visionenfolge der sechsten Posaune (9, 13–11, 13). Mit der Ankündigung des bald kommenden „dritten Wehe" will er wahrscheinlich auf eine spätere folgende Reihe katastrophaler Heimsuchungen (Kap. 16) vorausweisen.

Die siebte Posaune:
Die endgültige Machtergreifung Gottes und seines Christus: 11, 15–19

15 Und der siebte Engel blies seine Posaune. Da ertönten laute Stimmen im Himmel, die riefen:
Nun gehört die Herrschaft über die Welt
unserem Herrn und seinem Gesalbten,
und er wird herrschen in alle Ewigkeit.
16 Und die vierundzwanzig Ältesten, die vor Gott auf ihren Thronen sitzen, warfen sich nieder auf ihr Angesicht und beteten Gott an
17 und sprachen:
Wir danken dir, Herr, Gott, Herrscher über die ganze Schöpfung,
der du bist und der du warst,
daß du deine große Macht in Anspruch genommen und die Herrschaft angetreten hast.
18 Die Völker gerieten in Zorn.
Da kam dein Zorn, und es kam die Zeit, die Toten zu richten und den Lohn zu geben deinen Knechten
und den Propheten und den Heiligen

und denen, die deinen Namen fürchten,
den Kleinen und den Großen,
und alle zu verderben, die die Erde verderben.
19 Und der Tempel Gottes im Himmel wurde geöffnet, und
in seinem Tempel wurde die Lade seines Bundes sichtbar.
Und es geschahen Blitze und (dröhnende) Stimmen und
Donner und Erdbeben und schwerer Hagel.

Erinnern wir uns an die Versicherung des Schwurengels von 10,7: Beim Blasen des siebten Posaunenengels werde die Durchsetzung des geheimnisvollen Planes Gottes vollendet sein. Dieser Ankündigung entsprechend löst das Blasen des siebten Engels jetzt die Ausrufung der erfolgten Machtergreifung Gottes und seines Gesalbten (= Christus) durch das himmlische Engelheer aus (V 15).

Daß die universale Herrschaft Gottes offenbar und ein für allemal aufgerichtet werden wird, ist eine fundamentale Erwartung der alttestamentlichen Prophetie. Deshalb ist die angelische Proklamation wie der antwortende Sieges- und Dankeshymnus der hohen Engelgruppe „der vierundzwanzig Ältesten" (V 16–18) auch stärkstens in ihrer Sprache gehalten. So ist zum Beispiel der wichtige Ausdruck „unserem Herrn und seinem Gesalbten" (V 15) dem längst messianisch = christologisch gedeuteten Psalm 2 entnommen (Ps 2,2). Das singularische „und *er* wird herrschen in alle Ewigkeit" (vgl. Dan 7,14.27) will zugleich die zuvor ausgesprochene Aktionseinheit zwischen „dem Herrn und seinem Gesalbten" unterstreichen.

Das anschließende Siegeslied (V 17–18) konkretisiert die Auswirkung der definitiven Machtergreifung Gottes und seines Christus mit fast ausschließlich alttestamentlichen Worten als vernichtendes Gericht über die gottfeindliche Menschheit und als Belohnung der sich Bewährenden. Mit der Aufzählung Vers 18c will der Verfasser wahrscheinlich nicht drei, sondern nur zwei Gruppen der zu Belohnenden unterscheiden, nämlich die (christlichen) „Propheten" und „die Heiligen" = alle übrigen Gemeindeglieder. In seiner Sicht haben ohnehin alle „Heiligen" = Christen als prophetische Zeugen zu wirken.

Wenn Johannes hier in der kräftigen Sprache des das messianische Drama schildernden Psalms 2 sagt, daß die Völker in Zorn gerieten (Ps 2, 1) und – mit dem gleichen Ps 2 (2, 5. 15) – den Herrn mit seinem Gerichtszorn antworten läßt (V 18 ab), so denkt er bei „den Völkern" konkret an das viele Nationen umfassende Römische Imperium mit allen jenen, die in seinem Dienst durch den Kaiserkult „die (bewohnte) Erde verderben" (V 18 d). Schon hier läßt der Apokalyptiker, freilich in nur sehr summarischer Schilderung, das Strafgericht über alle diese Verderber, das Gericht über alle Toten und die endliche Belohnung der ihrer Berufung treu Bleibenden erfolgen. Bezeichnend ist die Verwendung der Zeitform der Vergangenheit, insbesondere auch der auffällige Ersatz eines der formelhaften Gottesbezeichnung entsprechenden „und der du kommst" durch den nachfolgenden Vergangenheitssatz in Vers 17: „daß du deine große Macht in Anspruch genommen und die Herrschaft angetreten hast". Durch die Verwendung der Zeitform der Vergangenheit wird die Volloffenbarung der Gottesherrschaft bewußt als fait accompli gekennzeichnet. Insofern könnte man damit rechnen, daß sich der Inhalt der siebten Posaune in der himmlischen Verkündigung der erfolgten Machtergreifung Gottes erschöpfen und das Buch mit dem himmlischen Danklied unserer Verse 17–18 schließen würde.

Es war indes nicht nur das reiche Repertoire an unterschiedlichen Motiven und Stoffen altbiblischer, besonders apokalyptischer Überlieferung, sondern sicher auch die akute Sorge um die bedrohten Gläubigen, die den prophetischen Prediger zu einer noch viel weiter ausholenden Schilderung des Endgeschehens bewog, angefangen mit der in den nächsten Kapiteln folgenden Zeichnung der hinter- und vordergründigen Verfolgermacht. Im Sinne seiner Komposition hat somit nicht nur die in unseren Versen 15–18 gefeierte endgerichtliche Machtergreifung, sondern auch der ganze größere Rest des Buches (12, 1–22, 5) als Inhalt der siebten Posaune zu gelten. Das Verfahren unseres Autors könnte nur der als unlösbare Schwierigkeit empfinden, der von der unhaltbaren Forderung ausgeht, er wolle und müsse mit der Folge seiner Visionen und Auditionen das konkrete Nacheinander des Endgeschehens beschreiben.

Zu der mit 12, 1 neu ansetzenden dramatischen Entfaltung des Endgeschehens leitet der Seher über mit Vers 19: das Sichtbarwerden des himmlischen Urbilds der Bundeslade im „Tempel Gottes im Himmel" versichert die Christen der treuen Erfüllung der Bundesverheißungen Gottes (V 19 a), während die bekannt traditionellen Naturphänomene den göttlichen Gerichtszorn anzeigen, der die Feinde der Heilsgemeinde treffen wird (V 19 b).

Die schwere Bedrängnis der Kirche:
12, 1–13, 18

Der hintergründige Anstifter der Verfolgung: 12, 1–18

a) Die Frau, der Drache und das Kind: 12, 1–6

1 Da erschien ein großes Zeichen am Himmel: eine Frau, bekleidet mit der Sonne, und der Mond unter ihren Füßen, und auf ihrem Haupt ein Kranz von zwölf Sternen,

2 und sie ist schwanger und schreit in Wehen und Geburtsqualen.

3 Und ein anderes Zeichen erschien am Himmel, und siehe: ein Drache, groß und feuerrot, mit sieben Köpfen und zehn Hörnern und mit sieben Diademen auf seinen Köpfen,

4 und sein Schwanz fegt den dritten Teil der Sterne des Himmels hinweg und warf sie auf die Erde. Und der Drache steht vor der Frau, die gebären soll, um ihr Kind zu verschlingen, sobald sie es geboren hat.

5 Und sie gebar einen Sohn, ein Männliches, der alle Völker mit eisernem Stab weiden wird; und ihr Kind wurde zu Gott und zu seinem Thron entrückt.

6 Und die Frau floh in die Wüste, wo sie einen von Gott bereiteten Ort hat, damit sie dort zwölfhundertsechzig Tage lang ernährt werde.

Warum muß die Kirche mit schwerster Verfolgung rechnen? Ihr hintergründiger Anstifter ist der Teufel selbst, der das Heilswerk Christi zwar nicht vereiteln, aber doch die ihm verbleibende Macht und Zeit daransetzen kann, um die Christen zum Abfall zu bringen. Das will Johannes mit der dreiteiligen Vision unseres Kapitels sagen.

In unserer einleitenden Vision versinnbildet der mit traditionellen Bildzügen – besonders aus Dan 7,7 und 8,10 – als furchterregendes Ungeheuer geschilderte „Drache" (V 3–4 a) den Teufel, wie die ausdrückliche Identifizierung im späteren Vers 9 sicherstellen wird.

Soll die Geburt aber derart im Nu erfolgt und das Kind selbst buchstäblich schon im gleichen Augenblick emporgerissen worden sein, daß es dem Drachen nicht gelang, das Kind zu verschlingen? Warum greift der mit kosmischer Vernichtungsmacht ausgestattete Drache nicht schon die in Geburtswehen liegende Frau selbst an, wenn er doch im voraus entschlossen ist, zu verhindern, daß der zu Gebärende die für ihn von Gott bestimmte Aufgabe erfüllen kann? Natürlich darf es weder zur Tötung des Kindes noch zu der der Frau kommen. Denn mit dem „Sohn" – „ein Männliches" fügt der Seher im Anschluß an die griechische Übersetzung der schon jüdischerseits messianisch gedeuteten Vision Jes 66,7 noch hinzu – ist der Messias Jesus gemeint, der dem messianischen Psalm 2,9 zufolge „alle Völker" richten wird und deshalb vom Drachen weg „fortgerissen wurde" (so wörtlich), nämlich zu Gottes Thron (V 5).

Jesus ist aber doch nicht sofort nach seiner Geburt in den Himmel entrückt worden! Wie kann Johannes von der Geburt des Messias Jesus sprechen, ohne seinem nachfolgenden Erdenwirken, seinem erlösenden Sterben und seiner Erhöhung aus dem Tod auch nur im geringsten Raum zu geben? Das ist nur verständlich, wenn er überhaupt nicht auf Jesu leibliche Geburt und deren Umstände abheben will.

Das bestätigt auch die Zeichnung der Frau, mit der keinesfalls unmittelbar die leibliche Mutter Jesu gemeint sein kann. Die Überlieferung kennt weder eine Konfrontation der schwangeren und gebärenden Mutter Jesu mit einem

Drachen, noch erlaubt sie im geringsten die Annahme, Maria, speziell sie und sogar sie allein, sei unmittelbar nach der Geburt Jesu zu ihrer Bewahrung „in die Wüste" geflüchtet (V 6). Die „Frau" ist sowenig eine konkrete Frau wie mit dem „Drachen" ein wirkliches Exemplar dieser Tiergattung gemeint ist. Und dem entsprechend sind auch die Wehen, die die Frau vor Schmerz aufschreien läßt, ein mit dem Bild des Gebärens gegebenes Moment, das – als Anzeichen der bevorstehenden Geburt – den Drachen als Gegenspieler auf den Plan rufen läßt.

Wofür steht dann die Chiffre der Frau? Da die Personifikation Israels als Frau vom Alten Testament an geläufig ist, läßt man die Frau vielfach „das wahre Israel" symbolisieren, nämlich das als geistige Einheit betrachtete Gottesvolk beider Bünde, aus dem der Messias hervorging und zu dem ebenso die im späteren Vers 17 als „die übrigen Nachkommen" der Frau bezeichneten Christen gehören. Diese scheinbar glatte Deutung hat aber beträchtliche Gründe gegen sich. Die Zeichnung der Frau als überirdischer Hoheitsgestalt (V 1) spricht dafür, daß diese im Sinne einer altbiblischen Vorstellung richtiger verstanden wird als Symbol des himmlischen Urbildes, das in der christlichen Heilsgemeinde seine endzeitliche Verwirklichung gefunden hat.

Nun darf man gewiß zugeben, die meisten einzelnen Motive und Bildelemente finden sich, über zahlreiche Schriften verstreut, auch im Alten Testament. Man kann sich aber nur schwer vorstellen, daß ein christlicher Autor von sich aus auf die Idee kam, die vorliegende Erzählstruktur, die die Heilsgemeinde als Gebärerin Christi darstellt, zu konzipieren. Deshalb erscheint die Hypothese nicht abwegig, Johannes sei von einer jüdischen Frau-Drache-Kind-Erzählung inspiriert, in der „die Frau" Israel und „der Drache" die römische Fremdherrschaft versinnbildete. Diese Verbildlichung wollte die feste Hoffnung auf die baldige Befrei-

ung von der Feindmacht wecken: einmal durch die „Offenbarung", daß der Messias schon von „der Frau" (= Israel)
„geboren" ist und in der Verborgenheit des Himmels bereit-
steht, um zu gegebener Zeit das Gericht über die Heidenvölker zu vollstrecken; sodann durch die Verheißung, das
Gottesvolk werde für die Dauer der endzeitlichen Verfolgung – diese ist ja gemeint mit „den zwölfhundertsechzig
Tagen" (V 6) – vor der Vernichtung durch „den Drachen"
(= die politische Verfolgermacht) bewahrt und wunderbar
am Leben erhalten werden wie einst beim Auszug aus Ägypten. In diesem Fall hat Johannes seine Vorlage freilich völlig
neu interpretiert. Vermutlich wird auch erst er die Frau als
unüberbietbare Hoheitsgestalt, als Symbol der ihrem Urbild und Wesen nach vom Himmel stammenden Heilsgemeinde dargestellt haben, während die jüdische Vorlage die
Frau wahrscheinlich lediglich als Sinnbild des irdischen Israel verstand. Die Übernahme der ohnehin bereits in der
Vorlage bildlich verstandenen Geburtsaussage wurde unserem christlichen Apokalyptiker letztlich dadurch erleich-
tert, daß messianisch interpretierte Prophetentexte (Jes
7, 14; 66, 7 G) von der Geburt eines Sohnes sprachen und
das von der Vorlage diesem Sohn zugeschriebene Gericht
über die Völker Zitat aus dem messianischen Psalm 2 war.

Der Hinweis auf die Flucht der Frau in die sie bergende
Wüste (V 6) bringt die einleitende Vision zum Abschluß,
freilich zu einem erst vorläufigen Abschluß, wie die erneute Aufnahme dieses Themas in den Versen 13–17 zeigen wird.

b) Der Sturz des Drachen auf die Erde: 12, 7–12

7   *Und es begann ein Krieg im Himmel: Michael und seine
Engel (erhoben sich), um Krieg zu führen mit dem Drachen.
Und der Drache und seine Engel nahm(en) den Kampf auf,*

*8   konnte(n) sich aber nicht halten, und es fand sich für sie
kein Ort (mehr) im Himmel.*

*9   Und hinabgeworfen wurde der große Drache, die alte
Schlange, die der Teufel und der Satan heißt, der den ganzen
Erdkreis verführt – er wurde auf die Erde hinabgeworfen,
und seine Engel wurden mit ihm hinabgeworfen.*

*10   Da hörte ich eine laute Stimme im Himmel rufen:
Jetzt ist angebrochen der rettende Sieg und die Macht
und die Königsherrschaft unseres Gottes
und die Vollmacht seines Gesalbten;
denn hinabgeworfen wurde der Ankläger unserer Brüder,
der sie bei Tag und Nacht vor unserem Gott verklagte.*

*11   Auch sie selbst haben ihn besiegt durch das Blut des
Lammes
und durch das Wort ihres Zeugnisses,
und sie haben ihr Leben nicht geliebt bis zum Tode.*

*12   Darum jubelt, ihr Himmel und (alle) die darin wohnen!
Wehe dem Land und dem Meer!
Denn der Teufel ist zu euch hinabgestiegen
und hat großen Zorn,
weil er weiß, daß er (nur noch) eine kurze Frist hat.*

Ehe Johannes die Thematik der Verfolgung der Frau (= der Kirche) durch den Drachen (= den Teufel) weiterführt (12, 13–18), fügt er eine Vision ein, die mit der voraufgehenden Konfrontation zwischen der Frau und dem Kind einerseits und dem Drachen andererseits nur durch diesen verknüpft ist. Statt des Firmaments ist nun der Himmel selbst als Standort des Drachen vorausgesetzt. Dieser hat sodann jetzt Engel (= Geister) als Verbündete neben sich und wird zusammen mit diesen von Michael und seinen Engelscharen besiegt (V 7–9).

Unserer Kampfszene liegen vor allem zwei altbiblische Überlieferungen zugrunde, die wiederum sehr eigenständig verwendet werden. Grundlegend ist die alte Vorstellung, daß ein hohes, zu „den Söhnen Gottes" zählendes Engelwesen im himmlischen Gerichtshof die Funktion des „Anklägers" der Menschen ausübt, der (nach Sach 3, 1) zur Rechten des Angeklagten steht. Um die Deutung „des Drachen" auf diesen himmlischen Staatsanwalt sicherzustellen, identifiziert Johannes in Vers 9 „den großen Drachen" auch als „den Satan". Das hebräische Wort „satan", das als solches „Widersacher" bedeutet, wurde vom griechisch sprechenden Judentum wiedergegeben mit dem Wort „diábolos" (= „Verleumder"), aus dem über das Gotische unser „Teufel" wurde. Einer weiterentwickelten apokalyptischen Vorstellung zufolge fungiert vor dem richtenden Gott neben dem Ankläger auch ein Verteidiger der Menschen, nämlich Michael, der Schutzengel des Gottesvolkes.

Mit dem Bild vom himmlischen Gerichtshof verband Johannes sodann die frühjüdische Vorstellung vom urzeitlichen Sturz rebellierender Engel. Für diese Vorstellung wurde der „Satan" (= der himmlische Staatsanwalt) nun selbst ein gefallener Engel, der meist unter anderen Namen wie „Mastema", „Beliar" oder „Belial" zum Herrn der bösen Geister, der Verderberengel wurde.

Den Kommentar zu unserer Vision liefert der anschließende himmlische Hymnus (V 10–12). Der Verlust der himmlischen Machtposition Satans wird als Voranzeige seines endgerichtlichen Sturzes, als Anfang und Garantie seiner kommenden totalen Besiegung gedeutet. In den Endsieg Gottes und seines Gesalbten (= Christus) werden aber auch „die Brüder" der Himmlischen, nämlich alle Blutzeugen einbezogen, die Christus in den Tod folgten und dank ihrer den Tod nicht scheuenden Bezeugung des Christusglaubens den Sieg über den „Ankläger" errungen haben und noch erringen müssen.

Deshalb schließt der Hymnus mit einem „Wehe" für die

Erdenwelt. Noch gilt es, auf Erden den letzten schweren Kampf zu bestehen. Denn der Satan ist wider Willen auf die Erde „herabgestiegen", was nach semitischer Redeweise dasselbe besagen kann wie „er wurde hinabgeworfen" (V 10c). Seine Wut ist auch deshalb so groß, weil er weiß, daß selbst seiner nunmehr auf die Erde beschränkten Wirksamkeit ein baldiges Ende gesetzt ist.

An einem Hinweis auf den genauen Zeitpunkt des Teufelssturzes ist Johannes nicht gelegen. Worauf es ihm ankommt, läßt sich aus seiner Komposition gut ersehen. Durch die Verwendung des Motivs von der Verstoßung Satans aus seiner himmlischen Machtstellung kann der Seher sowohl die kommende totale Entmachtung des Teufels und den sicheren Endsieg der Nachfolger Jesu ankündigen als auch einen speziellen Grund für die Heftigkeit der zu erwartenden Verfolgung nennen: weil der durch das Christusgeschehen schon schwer angeschlagene Teufel die ihm noch verbliebene Chance gründlich nützen wird; mit welchem Mißerfolg und Erfolg zugleich, wird die Abschlußszene unseres Kapitels (12, 13–18) versinnbilden.

c) Die Verfolgung der Frau durch den Drachen: 12, 13–17 (18)

13 Als der Drache sah, daß er auf die Erde hinabgeworfen war, verfolgte er die Frau, die den Knaben geboren hatte.

14 Und der Frau wurden die zwei Flügel des großen Adlers gegeben, damit sie in die Wüste an ihren Ort fliege, wo sie, fern von der Schlange, eine Zeit und (zwei) Zeiten und eine halbe Zeit ernährt wird.

15 Und die Schlange spie aus ihrem Rachen Wasser wie einen Strom hinter der Frau her, damit sie von dem Strom fortgerissen werde.

16 Aber die Erde kam der Frau zu Hilfe, und es öffnete die

Erde ihren Mund und verschluckte den Strom, den der Dra-
che aus seinem Rachen gespien hatte.
17 Und der Drache geriet in Zorn über die Frau und ging
hin, um Krieg zu führen mit den übrigen ihrer Nachkom-
menschaft, die die Gebote Gottes beobachten und an dem
von Jesus abgelegten Zeugnis festhalten.
18 Und er trat an den Strand des Meeres.

Die Einleitungsvision (a) schloß mit der rettenden Flucht
der Frau vor dem sie verfolgenden Drachen in die Wüste.
Nach der Zwischenszene vom Drachensturz (b) greift der
Seher dieses Thema erneut auf, um dasselbe jedoch völlig
anders weiterzuführen, als die jüdische Frau-Drache-Kind-
Erzählung, die vermutlich als Vorlage diente, erwarten läßt.
Diese hatte so gut wie sicher mit der endgerichtlichen Besiegung des Drachen (= Roms) durch den Sohn (= den Messias) geschlossen. Das Endgericht über den Drachen (= den
Teufel) kann an unserer Stelle noch nicht folgen, da Johannes mit der Zwischenszene vom Drachensturz ja gerade verständlich machen wollte, daß und warum der Drache (=
der Teufel) seine ganze Macht gegen die Kirche aufbietet.

Auch hier steht wiederum die einstige Verfolgung Israels
durch den ägyptischen Pharao und seine wunderbare Erret-
tung im Hintergrund. So läßt Johannes die Frau über die
frühere kürzere Fluchtnotiz (12, 6) hinaus mit „den zwei
Flügeln des großen Adlers" in die sie bergende Wüste fliegen (V 14 a). Dieser Bildzug soll die wunderbare Hilfe in Er-
innerung rufen, von der das Gotteswort Ex 19, 4 spricht:
„Ihr habt gesehen, was ich den Ägyptern angetan habe, wie
ich euch auf Adlersflügeln getragen und hierher zu mir gebracht habe." Die aus Dan 7, 25; 12, 7 stammenden dreieinhalb Zeiten (= dreieinhalb Jahre) meinen dieselbe Zeit der
endzeitlichen Verfolgung wie die 12, 6 genannten 42 Monate. Für die Dauer dieser Zeit befindet sich die Frau außer-

halb der Sicht- und Reichweite des Drachen und ist sie damit seinem Zugriff entzogen (V 14 b). Wie soll der Drache die Frau dann aber doch zugleich vor sich bekommen und zu einem vernichtenden Schlag ansetzen können? Ein derartiger Szenenwechsel braucht einen in der Bildsprache redenden Apokalyptiker nicht zu stören. Mit der schon eingangs ausgesprochenen Versicherung, daß der Drache der Frau nichts anhaben kann (V 13–14), ist nämlich noch nicht alles gesagt, was Johannes seinen Lesern angesichts der erwarteten Verfolgung zu sagen hat.

Wie geht die bildliche Darstellung also weiter? Das Meeresungeheuer Leviatan wurde im Alten Testament auch als Schlangenmonstrum vorgestellt und Jes 27, 1 direkt als „Schlange" bezeichnet. Im Hinblick auf den Versuch, die Frau durch einen ganzen Wasserstrom zu ertränken, spricht Johannes deshalb zwischendurch bewußt von „der Schlange" (V 15). Der Anschlag mißlingt freilich! Ähnlich wie einst in der Wüste die Erde ihren Rachen auftat und die ganze Rotte der bösen Korachiten verschlang (Num 16, 30–32; Dtn 11, 6), öffnet die Erde ihren Mund und verschluckt in einem großen Spalt den vom Drachen ausgespienen Wasserstrom (V 16). Weil der Drache die Frau nicht vernichten kann, richtet sich seine Vernichtungswut jetzt gegen „die übrigen ihrer Nachkommenschaft" (vgl. Gen 3, 15), die mit einer für unser Buch typischen Wendung eindeutig als die Christen kenntlich gemacht werden (V 17).

Die Visionenfolge unseres Kapitels 12 erreicht somit ihren Höhepunkt in einer doppelten Versicherung, die den Christen aller späteren Zeiten nicht weniger gilt als jenen des ausgehenden ersten Jahrhunderts: Es wird dem Teufel nicht gelingen, die Heilsgemeinde als Ganzes zu vernichten, da diese – wie das Symbol der Frau besagt – ihrem Urbild und Wesen nach vom Himmel stammt; „... und die Tore der Totenwelt (= die Macht des Todes) werden sie

nicht überwältigen" (Mt 16, 18). Der Teufel wird nicht verhindern können, daß es Christen gibt, die allen seinen ge-
genteiligen Anstrengungen zum Trotz ihr Ziel, die Zugehörigkeit zur vollendeten Heilsgemeinde, erreichen werden.
Gleichzeitig müssen sich die Christen aber darauf einstellen
– und das ist eben das zweite Aussageanliegen –, daß der
Teufel in der ihm verbleibenden Zeit alles daransetzen
wird, um die einzelnen Christen zu Fall zu bringen. Welche
geschichtlichen Helfershelfer er zu diesem Zweck aufzubie-
ten vermag, werden die beiden anschließenden Visionen
des Kapitels 13 eindrucksvoll veranschaulichen. Dieselben
werden schon vorbereitet durch den Satz: „Und er (der Drache) trat an den Strand des Meeres." (V 18)

Die vordergründige Verfolgermacht: 13, 1–18

a) Das Tier aus dem Meer: 13, 1–10

1 *Und ich sah aus dem Meer ein Tier aufsteigen, das hatte
zehn Hörner und sieben Köpfe, und auf seinen Hörnern
zehn Diademe, und auf seinen Köpfen (gottes)lästerliche Namen.* 2 *Und das Tier, das ich sah, glich einem Panther,
und seine Füße waren wie die (Tatzen) eines Bären und sein
Maul wie das Maul eines Löwen. Und der Drache gab ihm
seine Macht und seinen Thron und große Gewalt.*
3 *Und einen von seinen Köpfen (sah ich) wie zu Tode getroffen, aber seine tödliche Wunde wurde (wieder) geheilt.
Und die ganze Erde staunte hinter dem Tiere her,*
4 *und sie beteten den Drachen an, weil er die Gewalt dem
Tier gegeben hatte, und sie beteten das Tier an und sagten:
Wer ist dem Tier gleich und wer kann mit ihm Krieg führen?*
5 *Und es wurde ihm ein Maul gegeben, das große Worte*

und Lästerungen aussprach, und es wurde ihm Macht gege-
ben, (dies) zweiundvierzig Monate lang zu tun.
6 Und es öffnete sein Maul zu Lästerungen gegen Gott,
um seinen Namen und seine Wohnung und (alle), die im
Himmel wohnen, zu lästern.
7 Und es wurde ihm erlaubt, Krieg zu führen mit den Hei-
ligen und sie zu besiegen, es wurde ihm auch Macht gegeben
über alle Stämme, Völker, Sprachen und Natio-
nen. 8 Und alle Bewohner der Erde werden ihn [den Re-
präsentanten des Tieres] anbeten – (jeder), dessen Name
nicht seit Grundlegung der Welt eingetragen ist ins Lebens-
buch des Lammes, das geschlachtet wurde.
9 Wenn einer ein Ohr hat, so höre er! 10 Wenn einer
für das Gefängnis bestimmt ist, geht er in das Gefängnis.
Wenn einer mit dem Schwert getötet werden soll, muß er
mit dem Schwert getötet werden. Hier ist die Standhaftigkeit
und die Glaubenstreue der Heiligen (vonnöten).

Der alttestamentliche Apokalyptiker sah nacheinander vier
Raubtiere – einen Löwen, einen Bären, einen Panther und
ein überaus schreckliches Ungeheuer – als Verkörperungen
von vier einander folgenden jahwefeindlichen Weltreichen
aus dem Meer heraufsteigen (Dan 7, 3–8). Das eine Tier, das
der urchristliche Apokalyptiker nun aus dem Meer aufsteigen sieht, hat die Eigenschaften aller vier Danielschen Tiere
in sich vereint (V 1–2 a). Es soll nämlich das römische Kaiserreich als die alles Bisherige überbietende Verfolgermacht
versinnbilden. Mit seinen zehn Hörnern und sieben Köpfen wird das Tier als Abbild des früher (12, 3) eingeführten
Drachen (= des Teufels) gezeichnet. Diesem verdankt es
nämlich seine Macht und seinen Thron (V 2 b), während
Christus seine Macht und seinen Thron von seinem Vater
empfangen hat (2, 28; 3, 31). Das Tier ist ganz und gar die
Kreatur des Drachen.

Das römische Kaiserreich als der bevollmächtigte geschichtliche Agent des Teufels! Diese denkbar negative Be-
urteilung des römischen Staates und seiner Herrscher ist
einmalig im Neuen Testament (vgl. dagegen Röm 13,1–6;
1 Tim 2,1f; 1 Petr 2,13–17). Sie ist in der Situation und in
der typisch apokalyptischen Sicht unseres Verfassers begründet. Seine Feindschaft richtet sich nicht gegen den
Staat als irdische Ordnungsmacht, sondern gegen den sich
verabsolutierenden totalitären Staat, der für sich fordert,
was Gott allein gebührt, nämlich die Verehrung eines sich
selbst vergottenden Kaisers (V 4–8).

Johannes wird deshalb noch deutlicher. An dem von des
Drachen Gnade regierenden Tier interessiert ihn insonder-
heit einer der sieben Köpfe, die später (17,9 f) ausdrücklich
auf sieben Kaiser gedeutet werden. Von welchem Kaiser
könnte aber behauptet werden, er sei tödlich verwundet,
dann aber wunderbarerweise wieder zum Leben erweckt
worden (V 3 a)? Da Kaiser Nero (54–68 n.Chr.) die Christen
für den wohl von ihm selbst gelegten großen Brand Roms
haftbar machte und unter ihnen ein schändliches Blutbad
anrichtete, wurde er schon früh zusammen mit Kaiser Domitian (81–96 n.Chr.) als Christenverfolger gebrandmarkt.
Zu diesem üblen Ruf kam die merkwürdige Nerosage
hinzu. Schon bald nach dem Selbstmord Neros (68 n.Chr.)
kam das Gerücht auf, Nero sei in Wirklichkeit nicht tot; er
werde vielmehr an der Spitze der Partherheere zurückkehren, in Rom wieder die Macht ergreifen und seine Feinde
vernichten. Möglicherweise war dieses Gerücht schon vor
Abfassung unseres Buches weiterentwickelt worden zu der
Sage, Nero habe im Jahre 68 zwar tatsächlich im Tod geendet, er werde aber aus dem Totenreich zurückkehren, um
die Herrschaft wieder anzutreten. Mit seiner Verwendung
der Nerosage will Johannes den gegenwärtig regierenden
Kaiser Domitian als wiedererstandenen Nero, als einen

neuen Nero charakterisieren, wie auch spätere Angaben noch bestätigen können. Die Älteren von uns haben gewiß volles Verständnis für diese verhüllende Ausdrucksweise. Sagte einer im Dritten Reich auch nur: „Die Lüge hat ein kurzes Bein", war das unter Umständen schon viel zuviel, wenn er an die falsche Adresse geriet. Zum anderen will Johannes den neuen Nero = Domitian zugleich als satanisches Widerspiel des getöteten, zum Leben auferweckten und wiederkehrenden Lammes und damit als „Anti-Christus", als Gegen-Christus, kennzeichnen. Wer wird sich als der wirklich Mächtige, als der Sieger erweisen, Christus oder der antichristliche Herrscher dieser Welt? Diese Frage steht hinter dem antithetischen Parallelismus.

Obwohl der Seher vor allem diesen bestimmten Repräsentanten des römischen Kaisertums im Auge hat, spricht er des weiteren nicht von „einem der sieben Köpfe (des Tieres), sondern von „dem Tier" schlechthin, um die Greuel des Kaiserkultes, der letztlich göttliche Verehrung des Drachen = des Teufels bedeutet (V 4), zu beschreiben (V 3 b–8). Das geschieht wiederum im Anschluß an Dan 7. Nach dem Beispiel des prototypischen Religionsverfolgers Antiochus IV. läßt er das Tier während der endzeitlichen Verfolgung große Worte (Dan 7,8.20) und Gotteslästerungen (Dan 7,25) aussprechen (V 5–6). Wie schon bei den „(gottes)lästerlichen Namen" (V 1) denkt er hierbei im besonderen wieder an Domitian, der sich über die üblichen Kaiserprädikate („der Verehrungswürdige", „der Göttliche", „der Heiland") hinaus als „Herr und Gott" betitelte und anreden ließ.

Wie in Dan 7,20f folgt dem gotteslästerlichen Reden auch hier die böse Tat, die mit Dan 7,21 als Bekriegen und Besiegen „der Heiligen" = der Christen bezeichnet wird (V 7 a). Es wird sozusagen keinen Ort mehr geben, an dem man sich der weltweiten Verfügungsmacht des Tieres und

seines Anspruchs auf göttliche Verehrung entziehen kann
(V 7 bis 8 a).

Der in Vers 8 b enthaltene Ausblick auf das Heilsziel derer, die als Gefolgsleute des Lammes der Forderung des Kaiserkultes widerstehen werden, ist in dieser Situation ebenso
angebracht wie die ermutigende Mahnung, „die Standhaftigkeit und Glaubenstreue der Heiligen", also der Christen,
müsse sich bis zur Übernahme der Todesstrafe bewähren (V
9–10).

b) Das Tier aus dem Festland: 13, 11–18

*11   Und ich sah ein anderes Tier aus dem Land heraufstei-
gen, und es hatte zwei Hörner wie ein Lamm, und es redete
wie ein Drache.*

*12   Und es übt die ganze Macht des ersten Tieres vor dessen
Augen aus. Und es bringt die Erde und ihre Bewohner dazu,
das erste Tier anzubeten, dessen tödliche Wunde (wieder) geheilt wurde.*

*13   Und es tut große Zeichen, so daß es sogar Feuer vom
Himmel auf die Erde herabfallen läßt vor den Augen der
Menschen.*

*14   Und es verführt die Bewohner der Erde durch die Wun-
derzeichen, die es vor den Augen des Tieres zu tun vermag,
indem es die Bewohner der Erde beredet, ein (Stand-)Bild zu
errichten für das Tier, das die Schwertwunde hat und (wieder) zum Leben kam.*

*15   Und es wurde ihm (Macht) gegeben, dem Bild des Tieres
(Lebens-)Geist einzugeben, so daß das Bild des Tieres sogar
redete und bewirkte, daß alle, die das Bild des Tieres nicht
anbeteten, getötet wurden.*

*16   Und es bringt alle, die Kleinen und die Großen, die Rei-
chen und die Armen, die Freien und die Sklaven, dazu, daß
sie ein Malzeichen auf ihrer rechten Hand oder ihrer Stirn*

anbringen 17 und daß niemand kaufen oder verkaufen
kann, der nicht das Malzeichen trägt: den Namen des Tieres
oder die Zahl seines Namens.
18 Hier ist die Weisheit (nötig); wer Verstand hat, berechne
die Zahl des Tieres, es ist nämlich die Zahl eines Menschen
(-Namens); und seine Zahl ist sechshundertsechsundsechzig.

Während das erste Tier, das den römischen Kaiser versinnbildet, „aus dem Meer" heraufstieg (13, 1), kommt ein zweites Tier „aus dem Festland" herauf. Sprach der Orientale
ohne nähere Kennzeichnung vom „Meer", so meinte er
stets das Mittelmeer, an dessen fernen Gestaden die Reichshauptstadt, der Amtssitz des römischen Kaisers lag. Bei
„dem Land" ist dann speziell an Kleinasien zu denken, das
ja zweifellos der Standort unseres Autors und der von ihm
ausdrücklich angeschriebenen Gemeinden war. Obwohl
diese geographische Vorstellung mitspielen kann, stammt
das Motiv der beiden Tiere letztlich aus dem alten vorder-
orientalischen Chaos- und Kampfmythus. Schon die jüdische Überlieferung kannte zwei Chaostiere, von denen sie
das eine, (Leviatan), dem Meer und das andere (Behemot)
dem Land zuordnete.

Das aus dem Land heraufsteigende Tier täuscht die Erscheinung des Lammes vor, ist aber ein ganz und gar „anti-
christliches" Wesen. Denn in seinem Reden, das seine
wahre Natur enthüllt, gleicht es einem Drachen (V 11). Als
der bevollmächtigte Willensvollstrecker des ersten Tieres
bringt es die Erdbewohner dazu, dieses, nämlich den als
wiedererstandenen Nero gekennzeichneten Kaiser Domitian, anzubeten (V 12).

Wie die Fortsetzung bestätigt (V 13–17), versinnbildet
das Tier aus dem Land die Macht der ideologischen Propa-
ganda und der faktischen Ausübung des Kaiserkultes, die einem gesellschaftlichen Zwang gleichkam. Deshalb wird es

später, in steter Verbindung mit dem (ersten) Tier, ausdrücklich „der falsche Prophet" genannt (16, 13 u. ö.), so daß von dem Tier aus dem Meer fürderhin als „dem Tier" schlechthin die Rede sein kann – so schon von Vers 14 a an.

Seit je ging die Zeichnung des falschen Propheten vom Bild des wahren Propheten aus. Auch falsche Propheten können Zeichen und Wunder tun, um die Menschen zum Abfall zu verführen (vgl. Dtn 13, 2–4; Mk 13, 22; 2 Thess 2, 9 f). Um das Tier aus dem Land als falschen Propheten abzustempeln und als Gegenbild zu den wahren Propheten (= den Gläubigen), die den Christusglauben bezeugen (11, 5), zu kennzeichnen, wird sogar das bekannte Feuerwunder des Elija auf dieses zweite Tier übertragen.

Mit der Nötigung, zu Ehren des Tieres (aus dem Meer) eine Kultstatue zu errichten (V 14), nennt Johannes eine bezeichnende Tatsache seiner Tage. Dem Befehl Domitians, im ganzen Reich Kaiserstatuen aufzustellen, wurde vor allem in Kleinasien, dem klassischen Land des Kaiserkultes, entsprochen, wie u. a. auch die Kolossalstatue im Domitiantempel von Ephesus bezeugt. Unser Autor bedient sich sodann des antiken Wunderglaubens an sprechende Götterbilder. Dadurch kann er bildlich zum Ausdruck bringen, daß der Kaiserkultideologie zufolge im Standbild des Kaisers dieser selbst als leibhaftiger, Anbetung fordernder Gott vor den Menschen steht und die Weigerung, vor seinem Bild zu opfern, deshalb, wie schon im Falle des Königs Nebukadnezzar (Dan 3, 4–6), mit dem Tode bestraft wird (V 15).

Die symbolisch zu verstehende Anbringung eines „Malzeichens" (V 16), nämlich des Stempels mit den abgekürzten Namen des Kaisers, ist das höhnische Gegenstück zur Versiegelung der Knechte Gottes (vgl. 7, 2 ff). Wer das Malzeichen nicht trägt, verfällt dem totalen wirtschaftlichen Boykott (V 17). Dieser Bildzug soll die unerbittliche Konfliktsituation signalisieren, in der die Adressaten unweigerlich Partei ergreifen müssen, weil es für sie letztlich nur mehr eine Alternative geben wird: Kaiserkult oder Verlust der irdischen Existenz. Es bleibt nur die Wahl zwischen zwei Parteien, zwischen der großen herrschenden Partei der im Lager des Drachen und des Tieres stehenden religiösen Staatssklaven und der Gruppe derer, die nicht anerkennen, daß der Kaiser auch über ihr Gewissen zu herrschen berechtigt ist.

Zum Schluß bricht Johannes aus der Vision aus und wendet sich an seine Hörer und Leser. Seiner ausdrücklichen Feststellung, es bedürfe besonderen Scharfsinnes, um den Zahlenwert des Tieres, nämlich den Namen eines bestimmten Menschen, zu berechnen, hat die Deutungsgeschichte nur allzusehr recht gegeben. Schon zur Zeit des aus Kleinasien stammenden Bischofs Irenäus von Lyon muß der Schlüssel für die Lösung des Zahlenrätsels verlorengegangen sein. Mit dem engeren und weiteren Kontext harmoniert wohl noch am besten der Vorschlag, die Zahl 666 in hebräischer Schreibung als „Neron Qesar" aufzulösen und somit als Hinweis auf den als neuen „Kaiser Nero" qualifizierten Domitian zu verstehen.

Die ermutigende Antwort des Himmels:
14, 1–20

Das Lamm und sein siegreiches Gefolge: 14, 1–5

1 Und ich sah, und siehe: das Lamm stand auf dem Berg Zion, und bei ihm waren Hundertvierundvierzigtausend, die auf ihren Stirnen seinen Namen und den Namen seines Vaters geschrieben trugen.

2 Und ich hörte eine Stimme vom Himmel, die dem Rauschen von Wassermassen und dem Rollen eines gewaltigen Donners glich, und die Stimme, die ich hörte, (klang) wie (die) von Harfenspielern, die auf ihren Harfen spielen.

3 Und sie singen ein neues Lied vor dem Thron und vor den vier Lebewesen und vor den Ältesten. Und niemand konnte das Lied (singen) lernen außer den Hundertvierundvierzigtausend, die von der Erde freigekauft worden sind.

4 Das sind die, die sich nicht mit Weibern befleckt haben, denn sie sind jungfräulich. Das sind die, die dem Lamme folgen, wohin es geht. Diese sind freigekauft aus den Menschen als Erstlingsgabe für Gott und das Lamm, 5 und in ihrem Mund fand sich keinerlei Lüge; sie sind makellos.

Werden die Christen die erwartete schwere Herausforderung bestehen können? Das ist die quälende Frage, die die voraufgehende Doppelvision von der geballten Verfolgermacht (Kapitel 13) wecken mußte. Als erste ermutigende Antwort stellt unser Kontrastbild vom Lamm auf dem Berg Zion „den Bewohnern der Erde", die das Malzeichen „des Tieres", des als wiedererstandener Nero gekennzeichneten

Kaisers Domitian, angenommen haben (13, 16), die „Hundertvierundvierzigtausend" gegenüber, die mit dem Namen Christi und seines Vaters versiegelt sind (V 1) und die schwere Prüfung der Endzeit siegreich bestanden haben. Wie wir schon aus der Doppelvision von Kapitel 7 wissen, bezeichnet die Symbolzahl „144 000" eine unzählbar große Schar aus allen Völkern. Bildlicher Ausdruck des errungenen Sieges ist auch „der Berg Zion"; denn auf diesem wird der Messias einer apokalyptischen Erwartung zufolge die Heilsgemeinde der Endzeit um sich sammeln.

Zum Dank für ihre Befreiung aus Ägypten haben einst Mose und die Israeliten ein Lied an den Ufern des Roten Meeres gesungen (Ex 15,1–21). Mit „einem neuen Lied" (Ps 33, 2 f u. ö.), das nur die in der Prüfung Bewährten singen können, danken diese für den Sieg, den sie durch das Lamm und mit diesem errungen haben (V 2–3).

Worin ihr Sieg bestand, bringen die identifizierenden Aussagen des Verses 4 zum Ausdruck. Da hier dasselbe griechische Wort (gynä) gebraucht wird, das im Kapitel 12 – als symbolische Bezeichnung der vom Himmel stammenden Heilsgemeinde – mit „Frau" übersetzt wurde, wäre konsequenterweise hier ebenso zu übersetzen. Trotzdem halte ich an der auch für die Einheitsübersetzung vorgeschlagenen Wiedergabe „die sich nicht mit Weibern befleckt haben" (V 4 a) fest. Diese Übersetzung scheint mir insofern passend, als das Wort „Weiber" im Deutschen auch im abwertenden Sinn gebraucht werden kann. Jener Satz meint ja nicht den Verzicht auf den ehelichen Umgang, sondern die Vermeidung des Abfalls zum götzendienerischen Kaiserkult. Der Abfall vom Gott Israels zur Verehrung der Götter der Kanaaniter wurde im Alten Testament durchweg als Ehebruch oder Hurerei bezeichnet. Das ist um so verständlicher, als der kanaanitische Kult auch rituelle Prostitution einschloß. Im folgenden wird die Anbetung „des Tieres"

(= des Kaisers) denn auch ausdrücklich als „Hurerei" bezeichnet werden (14,8 u. ö.).

Der ersten, negativ formulierten Kennzeichnung der Vollendeten fügt das begründend angeschlossene „denn sie sind jungfräulich" eine neue positive Sinn-Nuance hinzu. Die übertragene Verwendung von „jungfräulich" wurzelt wiederum im Alten Testament. Dieses sprach von „der Jungfrau Israel" (Jer 18,13), von „der Jungfrau, der Tochter Zion" (2 Kön 19,21); „... ich habe euch einem einzigen Mann verlobt, um euch als reine Jungfrau zu Christus zu führen" – so hatte schon der Apostel Paulus das Christwerden von Männern und Frauen beschrieben (2 Kor 11,2). Die 144 000 haben sich von der „Hurerei" des götzendienerischen Kaiserkultes ferngehalten, weil sie – „unabhängig von ihrem ehelichen oder ehelosen Stand" (H. Gollinger) – sich als „reine Jungfrau" Christus, dem ihre bräutliche Liebe gehörte (vgl. 21,9), verlobt wußten. „Sie folgen dem Lamm, wohin es geht": wie in Schmach und Leiden, so auch in die Herrlichkeit (V 4 b).

Der nachfolgende Satz, die „144 000" seien aus den Menschen als „Erstlingsgabe" erworben (V 4 c), will selbstverständlich nicht etwa besagen, bereits verstorbene Christen der ersten und zweiten Generation würden nicht zum Heil gelangen. Man muß sich immer bewußt bleiben, Johannes will mit seinem Buch die Christengemeinden seiner Gegenwart zur standhaften Verweigerung des Kaiserkultes aufmuntern. Im Anschluß an eine häufige Bedeutung, die das mit „Erstlingsgabe" wiedergegebene Wort (aparchä) in der griechischen Übersetzung des Alten Testamentes meistens hat, bezeichnet der Seher die 144 000 Versiegelten als das für Gott und Christus geheiligte, ihrem Kult und Dienst geweihte Eigentumsvolk (V 4 c), das trotz aller Nötigung zur „Lüge" des Götzendienstes dieser hohen Berufung ungeteilten Herzens treu geblieben ist (V 5).

Der Ausblick auf das Weltgericht: 14,6–20

Was hat der Himmel aber der übrigen Welt zu sagen? Dem Ausblick auf das sichere Endheil der treu bleibenden Christen folgt jetzt in fünf Teilszenen der Ausblick auf das Weltgericht.

Auch hier hat der christliche Apokalyptiker den heilswilligen Gott nicht aus dem Auge verloren. Deshalb läßt er zunächst einen hoch im Zenit fliegenden Engel alle Völker und Sprachen auffordern, angesichts des kommenden Gerichts doch dem Schöpfer des Universums und damit dem einzig wahren Herrn der Welt die Ehre zu geben (V 6–7) – anstatt Idolen göttliche Verehrung zu zollen.

Die Menschen sollen sich nur nichts vormachen lassen! Das Gericht über die religiöse Perversion der politischen Weltmacht, wie sie in der Ideologie und Forderung des Kaiserkults zum Ausdruck kommt, wird so sicher erfolgen, daß dasselbe, von einem zweiten Engel, mit den Worten von Jesaja 21,9 („Gefallen ist Babel, gefallen") in der Vergangenheitsform angekündigt wird: „Gefallen, gefallen ist Babylon, die Große, die alle Völker betrunken gemacht hat mit dem Zornwein ihrer Hurerei" (V 8). Das alte geschichtliche Babylon war einst der große Feind Israels. Als Inbegriff der hochmütigen und gottlosen Weltstadt eines heidnischen Weltreiches wurde „Babylon" apokalyptischer Deckname für Rom, der auch in christlichen Kreisen geläufig wurde (so auch 1 Petr 5,13). Die Formulierung der Schuld „Babylons" (= Roms), das später ausdrücklich als „die große Hure" bezeichnet wird (17,1), ist auf den ersten Blick schwer verständlich. Denn mit dem Bild vom „Wein des Zornes Gottes", vom Becher in der Hand Gottes, aus dem die Völker Gottes Zorn trinken müssen (V 10; vgl. Jer 51,7), vermengt Johannes ein völlig anderes Bild, nämlich das vom „Wein der Hurerei", der berauschenden Unzucht.

Er will somit sagen, durch die Verführung der Völker zum götzendienerischen Kaiserkult (= „Hurerei") habe sich Rom den Gerichtszorn Gottes zugezogen.

Von den Verführern geht die Vision über zu den Verführten. Ein dritter Engel schildert mit kräftigen Bildmotiven des Alten Testaments die endgerichtliche Strafe, die alle jene treffen wird, die sich zum Kaiserkult verführen lassen (V 9–11). Was der Engel zunächst verkündet, ist ein Gegenstück zu Kapitel 13, 15.17. Hieß es dort, alle, die das Standbild des Tieres nicht anbeteten, würden getötet werden, so wird jetzt durch einen Himmelsboten versichert: „Wer das Tier und sein Standbild anbetet und wer das Malzeichen auf seiner Stirn oder seiner Hand annimmt, der muß auch vom Zornwein Gottes trinken, der unvermischt im Becher seines Zornes gemischt ist" (V 9 b–10 a). Wer das Tier = den sich selbst vergottenden Staatsrepräsentanten anbetet, den wird die Strafe des heiligen Gottes erbarmungslos treffen! Das will das paradoxe Bild vom „unvermischt gemischten" Wein – normalerweise wurde der Wein mit Wasser verdünnt oder mit Gewürzen angereichert getrunken – zum Ausdruck bringen. Die drastische Schilderung der in alle Ewigkeit währenden Bestrafung der Tieranbeter (V 10 b–11) wird freilich noch mehr als die Heiden kompromißbereite Christen im Auge haben. Das verrät wohl auch der anschließende Aufruf des Sehers an seine Leser: „Hier muß sich die Standhaftigkeit der Heiligen bewähren, die an den Geboten Gottes und an der Treue zu Jesus festhalten" (V 12).

Die Szene schließt deshalb mit einer vom Himmel her ergehenden tröstlichen Versicherung für die treu bleibenden Christen: „Selig sind die Toten, die im Herrn sterben, von jetzt an; ja, spricht der Geist, sie sollen ausruhen von ihren Mühen; denn ihre Werke folgen ihnen nach" (V 13). Das mit „Mühen" übersetzte griechische Wort *(kópoi)* hat den

weiteren Sinn der bis zur Erschöpfung gehenden Anstren-
gung und des Erleidens von Schmerz. Im besonderen ist an
die schweren Konflikte gedacht, die die Forderung des Herrscherkults mit sich bringt, bis hin zur Übernahme des Zeugentodes. Dieser letzte Taterweis christlichen Bekenntnis-
ses ist auch in erster Linie gemeint mit „den Werken", die
den Getreuen über den Tod hinaus nachfolgen und den ver-
dienten Lohn finden werden (vgl. Mt 25,31–46). Mit dem
Ausdruck „Werke" bezeichnet unsere Apokalypse andererseits alles, was als sichtbare Äußerung der inneren Verfassung zur christlichen Lebensführung gehört. Deshalb gilt
die Seligpreisung nicht nur den Märtyrern. Sie gilt allen „im
Herrn", in der Verbundenheit mit dem Herrn Sterbenden
und allen „in Christus Entschlafenen" (1 Kor 15,18).

Mit der vorwegnehmenden Verkündigung des Falles „der
großen (Stadt) Babylon" und der ewig dauernden Höllen-
strafe der Anbeter „des Tieres" hatte Johannes seinen
Adressaten schon nachdrücklich das Kommen des Endgerichts versichert, und dies gerade auch im Hinblick auf die
sie bedrängende Situation. Wie die Weltstadt als Repräsentantin der zum Herrscherkult verführenden Staatsmacht
fallen auch alle, die sich verführen lassen, dem strafenden
Gericht anheim. Hätte diese exemplarische Veranschaulichung der endgerichtlichen Vergeltung hier nicht schon ge-
nügen müssen? Aber wieder einmal ist es die Fülle von ver-
fügbaren Materialien, in diesem Fall das altbiblische Repertoire unterschiedlicher Gerichtsbilder, das den Seher zu
zwei weiteren Szenen inspiriert. So möchte er sich die bekannten Gerichtsbilder von der Getreideernte und von der
nachfolgenden Traubenernte nicht entgehen lassen, die
schon im Gerichtsspruch Jahwes von Joel 4,12–13 zusammen begegneten: „Die Völker sollen aufbrechen und her-
aufziehen zum Tal Joschafat. Denn dort will ich zu Gericht
sitzen über alle Völker ringsum. Schwingt die Sichel, denn

die Ernte ist reif. Kommt, tretet die Kelter; denn sie ist voll, die Tröge fließen über ..."

Unter dem Bild der Getreideernte läßt die Vision der Verse 14–16 Christus selbst – dieser ist ja gemeint mit dem „wie ein Menschensohn" (eigentlich: wie ein Mensch) Aussehenden (V 14 a) – das Gericht vollziehen, während die Trauben von einem vom Throne Gottes her kommenden Engel geerntet und „in die große Kelter des Zornes Gottes" geworfen werden (V 17–19). „Die Kelter wurde draußen vor der Stadt getreten, und das Blut quoll aus der Kelter heraus bis an die Zügel der Pferde, eintausendsechshundert Stadien weit" (V 20).

Mit diesem Bild von der Weinkelter kann der Seher vor allem die allumfassende Wirkung des Endgerichts drastisch veranschaulichen. Daß die Kelter „draußen vor der Stadt" getreten wird, entspricht der alttestamentlich-jüdischen Erwartung, das Gericht über die Heidenvölker werde im Tal Joschafat, jedenfalls außerhalb Jerusalems, stattfinden, während Israel in der Heiligen Stadt wohlbewahrt bleibt. Durch die Kombination des oben zitierten Jahwe-Spruchs Joel 4,13 mit dem Schlußvers des Liedes vom Keltertreter Jahwe (Jes 63,1–6) konnte Johannes den Übergang vom ausströmenden (roten) Traubensaft zu einem Strom von Menschenblut und damit die Verbindung des Bildes vom Keltertreten mit dem Schlachtmotiv bewerkstelligen. „Ich zertrat die Völker in meinem Zorn, ich zerschmetterte sie in meinem Grimm, und ihr Blut ließ ich zur Erde rinnen" – so war Jes 63,6 von dem aus der Schlacht heimkehrenden Jahwe zu lesen. Wer „die große Kelter des Zornes Gottes" tritt – in der späteren Inszenierung desselben Endgerichts wird es der siegreiche Messias selber sein (19,15) –, läßt unsere Vision völlig offen. Das ganze Gewicht liegt auf der Vorstellung, daß der aus der Kelter fließende Blutstrom den Pferden bis an die Zügel ging – schon die jüdische Apokalyptik hatte das jesajanische Bild vom zur Erde rinnenden Blut ausgefaltet zur Vorstellung von Schlachtrossen, die im Blutstrom waten – und sich „1600 Stadien" weit, nämlich über die ganze Erde ergoß. Als ein Vielfaches der symbolischen Zahl der Erde (= 4) symbolisiert die Zahl 1600 (4 mal 4 mal 100) die erdenweite Ausdehnung des Endgerichts.

Wie kann ein christliches Buch aber ein so blutrünstiges Gerichtsbild verwenden? Wir vergessen nur zu leicht, daß wir es mit einer „Apokalypse" zu tun haben, die sich gattungsgemäß des ganzen überlieferten Reichtums bildkräftiger Sprache bedient. Bedenken wir sodann nicht weniger die äußerst kritische Situation, die unser Apokalyptiker auf die äußerlich völlig machtlose Minderheit der Christen zukommen sieht. Um diese zu kompromißlosem Durchhalten zu motivieren, scheut er sich nicht, zur Veranschaulichung des sie rechtfertigenden Endgerichts buchstäblich alle Register zu ziehen. Schließlich sollten wir nicht vergessen, wie sehr Jesus selbst als abschließender Offenbarer des heilswilligen Gottes zugleich das kommende Gericht und die Möglichkeit ewiger Verwerfung ernst genommen hat.

Die Vision von den sieben Schalen:
15,1–16,21

Es hat schon auch seinen guten theologischen Grund, daß
uns unser Apokalyptiker so lange hinhält. Eine Herrschermacht, die sich gegen die alleinige Verehrung des wahren
Gottes stellte, wird sein strafendes Gericht treffen. Das ist
seit dem Daniel-Buch nun einmal eine Grundüberzeugung
apokalyptischer Tradition. Liegt es aber nicht doch an Gott
selbst, wenn es zu diesem endgerichtlichen Schicksal
kommt? Nein! – kann gerade der christliche Apokalyptiker
nicht genug betonen. Bevor er mit Kapitel 17 endlich zu
ausführlichen Schilderungen des Endgerichts (17,1–20,15)
ansetzt, will er deshalb an einer dritten und letzten Reihe
katastrophaler Heimsuchungen illustrieren, wie sehr Gott
daran liegt, eine verirrte Menschheit vor der endgerichtlichen Bestrafung zu bewahren. Das ist der Sinn unserer Vision von der Ausgießung der sieben Schalen (15,1–16,21).

Auch hier war es die Schrift, die Johannes zu dieser letzten Siebenerreihe anregte. Im Buch Levitikus droht Gott
den seinen Heimsuchungen widerstrebenden Israeliten siebenfach gesteigerte Züchtigungen an (Lev 26,18–28). Mit
dem Satz „ich werde euch sieben Plagen antun" hatte die
griechische Übersetzung von Lev 26,21 sogar den Begriff
der „sieben Plagen" dargeboten. Johannes greift denselben
auf und fügt in einer Art Überschrift zwei deutende Zusätze hinzu: „Und ich sah ... sieben Engel, die sieben Plagen
hatten, die letzten, denn in ihnen kommt der Zorn Gottes
zu Ende" (15,1). Die beiden Zusätze besagen: die Warnun-
gen, die Gott an eine götzendienerische Welt ergehen läßt,

werden in diesen sieben Bekundungen des züchtigenden Zornes Gottes ihren Höhe- und Endpunkt erreichen.

Bevor die Engel mit den sieben Plagen in Aktion treten, eröffnet sich dem Seher ein Vorspiel im Himmel (15,1–8) – wie bei der früheren Einführung der sieben Posaunenengel (8,2–6). Eine erste Teilszene (15,2–4) blickt wiederum voraus auf das Endheil der Christusgetreuen. Wie Mose und die Israeliten einst die Befreiung aus der Hand des sie verfolgenden Pharao besangen (Ex 15), preist die erlöste Gefolgschaft des neuen Mose, „des Lammes", den Gott, der sich durch den ihr geschenkten Sieg über „das Tier" als „den König der Völker" erwiesen hat (15,2–3). Mit der anschließenden Versicherung, am Ende müßten alle das gerechte Walten Gottes anerkennen (15,4), schlägt ihr Hymnus zugleich eine gedankliche Brücke zur zweiten Teilszene des himmlischen Vorspiels (15,5–8), die die göttliche Herkunft und die Größe des Auftrags der sieben Engel mit den Schalen des Zornes Gottes hervorhebt.

Die Vision von Kapitel 16 läßt sodann auf göttlichen Befehl die sieben Engel nacheinander ihre Schalen ausgießen: über das Land, über das Meer, über alles Süßwasser, über die Sonne, über den Thron des Tieres, über den großen Eufrat-Strom und über die Erdatmosphäre. Obwohl diese Sieben-Schalen-Vision nach Inhalt und Aufbau weitgehend den früheren Posaunenvisionen entspricht und wie diese meist an Motive der ägyptischen Plagen (Ex 7–10) anknüpft, löst sie noch schlimmere Katastrophen aus. Die Steigerung zeigt sich schon bei den ersten vier Schalen. Während das Land, das Meer, das Süßwasser und die Himmelskörper durch die Plagen der ersten vier Posaunen zu einem Drittel vernichtet wurden (8,7–12), werden jene Bereiche nun in ihrer Gesamtheit getroffen (16,2–9).

Zum Verständnis dieser uns kaum vorstellbaren Katastrophen sind vor allem zwei Gesichtspunkte zu berücksichtigen. Zunächst wieder die extreme Situation, die sich dem Verfasser abzeichnet. Diese schlimmen Heimsuchungen gelten den Menschen, die der Forderung des Staatskultes erliegen (wie bereits bei der Ausgießung der ersten Zornesschale ausdrücklich gesagt wird: 16,2) und erst recht der den Kaiserkult betreibenden, ja den Tod von Christen verschuldenden (16,4–7) römischen Weltmacht. Diese steht unverkennbar im Blickfeld der drei letzten Schalen, die von der Verfinsterung des Reiches des Tieres (des römischen Kaisers) sprechen (16,10–11), von der freien Bahn, die die Austrocknung des Eufrat den Partherkönigen schafft (16,12–16), und schließlich von einem noch nie dagewesenen Erdbeben, das „Babylon, die Große" (Rom), und die ihr ergebenen „Städte der Völker" zerstört (16,17–21).

Gewiß, ein existenzbedrohender Einfall der gefürchteten Partherheere in das Römerreich lag durchaus im Rahmen des Möglichen. Und so unerhört es sein mag, daß ein Erdbeben eine Stadt, eben Rom, „in drei Teile" zerfallen läßt, an mehreren schweren Erdbeben hat es im 1. Jahrhundert n. Chr. in Kleinasien, dem Land der unmittelbaren Adressaten, nicht gefehlt. Trotzdem verrät besonders die Verwendung meist gemeinplatzartiger Strafmotive aus der Überlieferung vom Auszug Israels aus Ägypten wie auch aus anderen altbiblischen Traditionen, daß es unserem Apokalyptiker nicht auf die Voraussage wirklicher, zum Teil abstrus wirkender Naturkatastrophen ankommt. Bereits die starke Anknüpfung an die ägyptischen Plagen, die den Pharao ja nur noch verstockter machten, deutet die eigentliche Sinnspitze dieser Vision von den sieben Zornesschalen an, die Johannes denn auch nicht weniger als dreimal in refrainartigen Sätzen ausspricht (16,9.11.21): auch schlimmste Heimsuchungen bringen die Menschen nicht zur Umkehr! Und wenn sie sich vor Schmerz die Zunge zerbeißen und zentnerschwere Hagelbrocken auf sie herabstürzen – dennoch „lästerten sie" Gott (wie es dreimal heißt), anstatt sich auf ihre Sünden zu besinnen und statt eines Repräsentanten irdischer Macht „den Gott des Himmels" (16,11), das heißt nach Dan 2,44 den absoluten Herrn der Welt und ihrer Geschichte, anzuerkennen. „Sie bekehrten sich nicht dazu, ihm die Ehre zu geben" (16,9). Hat der Modellfall, den unser Apokalyptiker im Auge hat, nach fast 1900 Jahren etwa an Wahrheitsgehalt verloren?

Die Visionenfolge vom Endgericht:
17, 1–20, 15

Das verheerende Erdbeben der siebten und letzten Schalen-
vision hat nicht nur „Babylon, die Große", und die Heiden-
städte vernichtend getroffen, sondern selbst Inseln und
Berge dahinschwinden lassen (16, 19–20). Diese Katastrophe ist im Sinne unserer Apokalypse als letzte, das endgerichtliche Strafurteil unmittelbar anzeigende und bereits
einleitende Heimsuchung Gottes zu verstehen. Der folgende Visionenzyklus, der kompositionell der siebten Scha-
lenvision zugeordnet ist und zugleich wieder über diese
hinausführt, konzentriert sich deshalb auf die sinnbildliche
Verkündigung des Endgerichts (17, 1–20, 15), der die große
Schlußvision von der vollendeten Heilsgemeinde
(21, 1–22, 5) folgen wird.

Erst das von Gott gesetzte Ende der Geschichte kann die
den Gläubigen zugemutete Entscheidung und Bewährung
als einzig sinnvoll erweisen und endgültig rechtfertigen.
Muß sich da aber nicht sofort ein schwerwiegender Ein-
wand zu Wort melden? Unsere Apokalypse wird im Folgenden die Bestrafung des sich verabsolutierenden Römischen
Imperiums sogar mehrfach als endgerichtliche Verurteilung
darstellen, am deutlichsten mit der Vision vom wiederkommenden Christus und der Überantwortung des Tieres und
seines falschen Propheten in den Feuerpfuhl der Hölle
(19, 11–21). Das Römische Reich ist wenige Jahrhunderte
nach Abfassung unseres Buches zwar untergegangen, das
Weltgericht jedoch weder damals noch bis heute erfolgt.
Wir täten unserem Verfasser einfach unrecht, wenn wir

ihm nicht die Denk- und Darstellungsweise der apokalyptischen Tradition und Literaturgattung zubilligen wollten.
Für diese ist nun einmal die Verkürzung der Perspektive
charakteristisch. Diese erlaubte es unserem Apokalyptiker,
das Weltgericht in zeitlicher Nähe zu sehen und dieses im
besonderen auch über die aktuelle Verfolgermacht ergehen
zu lassen, um deren Unrecht und Strafverfallenheit zu erweisen.

Dabei begnügte er sich nicht mit einer einzigen Szene,
die das endgerichtliche Schicksal der geschichtlichen Verfolgermacht veranschaulichen würde. Neben dem Interesse
an einer möglichst eindrucksvollen Verkündigung des
Strafurteils Gottes sind es letztlich mehrere verfügbare
symbolische Chiffren ("das Tier", "die große [Stadt] Babylon", eine Stadt als "Hure") sowie der Vorrat an vorgegebe-
nen Strafgerichtsmotiven und -bildern, die ihn das endgerichtliche Schicksal der gott- und christuswidrigen Weltmacht in mehreren, reich ausgestatteten Szenen versinnn-
bilden lassen.

Die christenfeindlichen Mächte traten bisher in folgen-
der Reihenfolge auf den Plan: erst der Drache = der Teufel
(Kap. 12); dann das Tier bzw. die zwei Tiere (Kap. 13); sodann "Babylon, die Große", die die Völker zur "Hurerei"
verführt (14, 8; vgl. 16, 19). Die nun folgenden Verbildli-
chungen ein und desselben Endgerichts erfolgen hingegen
in umgekehrter Reihenfolge. Im Hinblick auf die erwartete
Verfolgung mußte das endgerichtliche Schicksal der über-
mächtigen geschichtlichen Verfolgermacht den Adressaten
zudem noch stärker auf den Nägeln brennen als das Gericht
über den hintergründigen Auftraggeber = den Teufel. Dieses wird freilich nachfolgen (20, 7–10); und eine letzte Vision vom Endgericht, die alle Toten und die Todesmacht als
"Gerichtsobjekt" nennt (20, 11–15), wird unsere Visionenfolge beschließen.

Die Hure Babylon und das Tier: 17, 1–18

Die Vision vom Weib auf dem Tier: 17, 1–6 a

1 Und es kam einer von den sieben Engeln, welche die sieben Schalen hatten, und sagte zu mir: Komm, ich will dir das Strafgericht über die große Hure zeigen, die an vielen Wassern sitzt, 2 mit der die Könige der Erde Hurerei getrieben haben, und vom Wein ihrer Hurerei sind die Bewohner der Erde betrunken geworden.

3 Und er brachte mich in die Wüste, im Geist. Und ich sah ein Weib auf einem scharlachroten Tier sitzen, das über und über mit gotteslästerlichen Namen bedeckt war und sieben Köpfe und zehn Hörner hatte.

4 Und das Weib war in Purpur und Scharlach gekleidet und mit Gold, Edelsteinen und Perlen reich geschmückt; und es hielt einen goldenen Becher in seiner Hand, der mit Greueln und dem Schmutz seiner Hurerei gefüllt war.

5 Und auf seiner Stirn war ein Name geschrieben, ein Geheimnis: Babylon, die Große, die Mutter der Huren und der Greuel der Erde.

6 a Und ich sah das Weib betrunken vom Blut der Heiligen und vom Blut der Zeugen Jesu.

Die Ankündigung eines der sieben Engel mit den Schalen des göttlichen Zorns nennt das Stichwort, das den Einsatz des Visionenzyklus vom Endgericht anzeigt: er werde Johannes „das Strafgericht über die große Hure" zeigen (V 1). „Die Wüste" als Ort des Visionsempfangs (V 3 a) wird auf das Schicksal „der großen Hure" hindeuten wollen: Sie wird selbst „verwüstet" werden (17, 16).

Ein typisches Beispiel massiver prophetischer Bildsprache: „die große Hure". Seit alters mußte sie in der Kirchengeschichte herhalten als „Deckname für den jeweiligen theologischen Gegner; heute noch sehen Freikirchen und Sekten häufig in ihr ein Bild für die offizielle Kirche" (O. Böcher). Das ist in der Tat völliger Unsinn! Auch wenn Johannes die Hure hier nicht ausdrücklich mit „der großen (Stadt) Babylon" identifizieren würde (V 5), wüßten seine Leser bereits, daß mit jener die Hauptstadt des heidnischen Römerreiches gemeint sein muß. Die Verbindung der Chiffre „Hure" und der gottlosen Weltstadt, als deren Inbegriff dem alten Israel „Babylon" galt, war im Alten Testament ja längst vorbereitet. Um „die Hure" = Rom als das endzeitliche Gegenstück zu Babylon zu kennzeichnen, wird sogar die Jer 51, 13 zitierende Ortsangabe „die an vielen Wassern sitzt" hinzugefügt (V 1 b). Das historische Babylon lag an einem Netz von Kanälen, weshalb Jeremia von „großen Wassern" sprechen konnte (51, 13). Warum Rom „die große Hure" genannt wird, nimmt der nächste Vers in der uns schon bekannten Bildsprache gleich vorweg: Es hat den ihm untertanen Erdkreis zum Herrscherkult verführt (V 2).

Bevor das Gericht über das in der Wüste geschaute „Weib" ergeht, werden seine Wesenszüge veranschaulicht. Gleich altorientalischen Göttinnen reitet es auf einem „Tier" (V 3 b). Dieses „Tier" ist – wie ja auch die Bedeckung mit „gotteslästerlichen Namen" unterstreicht – das uns längst vertraute Symbol des göttliche Verehrung fordernden Kaisertums. Dessen Macht verdankt das „die Göttin Rom" darstellende Weib seine welthafte Pracht (V 4 a). Seine pompöse Aufmachung steht im Gegensatz zu dem einfachen, aber strahlend reinen Leinenkleid „der Frau" des Lammes (vgl. 19, 7 f), die ja die an den einen Herrn Jesus Christus gebundene Heilsgemeinde versinnbildet.

Mittels des Emblems eines „goldenen Kelches" aus dem Jahwe-Wort über Babel (Jer 51, 7) kann die Vision den schreienden Widerspruch aufdecken, in dem die mächtig aufgetakelte Erscheinung des Weibes zu seinem wahren

Wesen steht. Statt mit köstlichem Wein, den ein „goldener Becher" verspricht, ist dieser mit dem greulichen Schmutz seiner „Hurerei" gefüllt (V 4 b), womit eben die Verführung zum Götzendienst gemeint ist.

Der nächste Vers wird noch deutlicher. Die Huren Roms trugen auf ihrem Stirnband ihren Namen. Ob unser Seher, der übrigens keine konkrete Vorstellung vom Stadtbild Roms zu haben scheint, diesen Brauch kannte und auf denselben anspielen will, ist freilich nicht sicher. Angesichts der beträchtlichen Funktion, die kennzeichnende Namen in unserem Buch haben, läßt sich unser Vers auch ohne eine solche Anspielung erklären. Wie die Anbeter „des Tieres" dessen Namen auf ihrer Stirn tragen, ist auf der Stirn des Weibes ein Doppelname geschrieben, der seine Wesensart schonungslos anprangert (V 5): statt „Rom" trägt sie freilich den kennzeichnenden Decknamen „Babylon die Große"; der Ehrentitel der Muttergöttin, mit dem die Göttin Rom im Reich verehrt wurde, wird in sein Gegenteil verkehrt. Die Muttergöttin ist in Wirklichkeit die größte Hure: „die Mutter der Huren und aller Greuel der Erde", von der die weltweite „Hurerei" = der götzendienerische Staatskult ausgeht.

Mit dem schaurigen Bild des letzten Verses der Vision (V 6 a) brandmarkt der Seher sodann die schwere Blutschuld der Hure und wird er indirekt wohl auch wieder daran erinnern wollen: Seine Mitchristen sollen sich darauf einstellen, daß sie ihren Christusglauben bis zur Hingabe ihres Lebens bezeugen müssen.

Die Deutung der Vision: 17, 6 b–18

a) Das Tier und seine sieben Köpfe: 17, 6 b–11

6 b   Als ich es (das Weib) sah, ergriff mich großes Erstaunen.

7   Der Engel aber sagte zu mir: Warum bist du erstaunt? Ich will dir Aufschluß geben über das Geheimnis des Weibes und des Tieres, das es (das Weib) trägt und das die sieben Köpfe und die zehn Hörner hat;

8   das Tier, das du sahst, war und ist (jetzt) nicht und wird aus dem Abgrund heraufsteigen und geht ins Verderben; und die Bewohner der Erde, deren Namen seit Grundlegung der Welt nicht im Buch des Lebens verzeichnet sind, werden staunen beim Anblick des Tieres, daß es war und nicht ist und (wieder) dasein wird.

9   Hier braucht man Verstand, der Weisheit besitzt. Die sieben Köpfe bedeuten sieben Berge, auf denen das Weib sitzt. Sie bedeuten auch sieben Könige;

10   die fünf sind gefallen, der eine ist (da), der andere ist noch nicht gekommen, und wenn er kommt, darf er nur kurze Zeit bleiben.

11   Und das Tier, das war und (jetzt) nicht ist, ist selbst auch der achte, und es ist einer von den sieben, und es geht ins Verderben.

Das Erstaunen über eine „Vision" (V 6 b) gehört seit Ezechiel und Daniel zum apokalyptischen Stil. Hier dient es vor allem dazu, zu einer „Audition", nämlich zu der jetzt aus dem Mund des Engels zu hörenden Deutung des verborgenen Sinnes der Bildgrößen „der Hure" und „des Tieres", überzuleiten (V 7). Im Vordergrund steht die Deutung des Tieres, das durch die sieben Köpfe und die zehn Hörner ausdrücklich als das in Kapitel 13 geschilderte Tier aus dem Meer gekennzeichnet wird. Wie schon die Vision von Kapi-

tel 13 zu verstehen gab, versinnbildet das Tier einen bestimmten Repräsentanten des römischen Kaisertums, nämlich den aus dem Tod wiederkehrenden Kaiser Nero. Auch
an dieser Stelle kann Johannes freilich nicht deutlicher zum
Ausdruck bringen, daß Domitian als wiedererstehender
Christenverfolger Nero gebrandmarkt werden soll. Derselbe ist sodann auch hier als „Anti-Christus" gekennzeichnet, als Gegenspieler des Lammes, das auf Erden lebte, getötet wurde, aber „aus dem Abgrund" (der Totenwelt) erstand
und beim Gericht als Endsieger offenbar werden wird, während der wiedererstehende Nero „ins Verderben (in die
ewige Verdammnis) geht" (V 8 a). Diese Gegenüberstellung
wird noch unterstrichen durch die Reaktion der Menschen,
die das Wiedererstehen des Tieres als Wunder bestaunen
(V 8 b).

Dann ist in unserem Vers 8 also eindeutig vorausgesetzt,
daß das als wiederkehrender Kaiser Nero verstandene Tier
noch der Zukunft angehört. Wie reimt sich das, wenn unser Apokalyptiker nach glaubwürdiger Überlieferung unter
Domitian schrieb und eben in diesem den wiederkehrenden Nero erblickt haben soll? Sicher nicht ohne Grund wird
in unserem Buch nur zweimal gesagt, es handle sich um
eine Information, zu deren Verständnis, wie zum richtigen
Gebrauch eines Orakels, „Weisheit" nötig sei: nämlich im
Hinblick auf die Auflösung der 13, 18 genannten Namenszahl des Tieres sowie an unserer Stelle (V 9 a), die vom gleichen Tier spricht. Es muß also mit der hier gemachten Voraussage eine besondere Bewandtnis haben.

Daß die sieben Köpfe des Tieres nicht nur mit sieben
„Königen" identifiziert werden, was der Sache nach schon
13, 3 geschah, sondern auch mit sieben „Bergen", auf denen
das (zuvor auf dem Tier reitende) Weib sitzt (V 9 b), mag
zwar etwas überraschen, ist jedoch unmißverständlich. Die
„Siebenhügelstadt" war eine vor allem in der Dichtung

längst geläufige Bezeichnung Roms. Anders steht es aber mit der differenzierenden Aufzählung der „Könige" (V 10) – wie die römischen Kaiser im Orient meist genannt wurden – und mit der in Vers 11 ausgesprochenen Zuordnung des Tieres zu den zuvor genannten sieben Königen = Kaisern. Von den zahlreichen Erklärungsversuchen scheint mir nicht zuletzt der nachgenannte Beachtung zu verdienen.

Nach bestbegründeter Auffassung setzt die Zählung bei Kaiser Augustus als dem ersten Inhaber der Kaiserwürde ein. Offensichtlich ist sodann die Ganzheitszahl Sieben (sieben Köpfe) vorgegeben und durfte nicht überschritten werden. Am ehesten konnten die drei „Interimskaiser" ausgelassen werden. Auch dann ergaben sich von Augustus bis Titus (79–81 n. Chr.) aber bereits sieben Kaiser. Die Siebenzahl konnte Johannes nur dadurch aufrechterhalten, daß er den Nachfolger des Titus, also den im Jahre 81 zur Regierung gekommenen Domitian, der bei dieser Zählweise eindeutig der achte Kaiser ist, als „einen von den sieben", nämlich als wiedererstehenden Nero, verstand und das auf diesen, nämlich auf Domitian gedeutete Tier zugleich als „den achten" Kaiser bezeichnete (V 11).

Was den mit apokalyptischen Verfahrensweisen nicht vertrauten Leser freilich stutzig machen muß, ist die Folgerung, die sich aus dieser Zählweise ergibt. Die fünf Kaiser, die bereits „gefallen", das heißt gestorben sind, sind bei dieser Zählung: Augustus, Tiberius, Caligula, Claudius und Nero. Der eine, der jetzt da ist, ist Vespasian; der danach kommende ist Titus, der in der Tat „nur kurze Zeit" regierte. Das würde bedeuten: Johannes schrieb unter Domitian, ließ aber an dieser Stelle die Abfassung des Buches durch den Deute-Engel in die Zeit Vespasians zurückverlegen. Das wäre noch verständlicher, wenn unter Vespasian jüdischerseits die Erwartung aufgekommen wäre, vor dem Ende werde nur noch ein siebter Herrscher kommen.

Neben anderen Gesichtspunkten, die hier zu nennen wären, könnte auch das Gebot der Vorsicht mitspielen. Natürlich hätte Johannes bei der hier angenommenen Zählweise auch schreiben können: die sieben sind gefallen, der eine, der ist, ist selbst auch der achte und einer von den sieben, und er geht ins Verderben. Hätte er damit aber nicht allzu deutlich auf den gegenwärtig regierenden Domitian hingewiesen?

b) Das Tier und seine sieben Hörner: 17, 12–18

12 Und die zehn Hörner, die du sahst, bedeuten zehn Könige, die noch nicht zur Herrschaft gekommen sind, aber sie erhalten Macht wie Könige für eine Stunde zusammen mit dem Tier.

13 Diese sind eines Sinnes und übertragen ihre Macht und Gewalt dem Tier.

14 Diese werden mit dem Lamm Krieg führen, aber das Lamm wird sie besiegen, denn es ist der Herr der Herren und der König der Könige, und sein Gefolge sind Berufene, Auserwählte und Getreue.

15 Und er (der Deute-Engel) sagt zu mir: Die Wasser, die du sahst, an denen die Hure sitzt, sind Völker und Menschenmassen und Nationen und Sprachen.

16 Und die zehn Hörner, die du sahst, und das Tier – diese werden die Hure hassen und sie verwüsten und nackt machen und ihr(e) Fleisch(stücke) fressen und sie (die Hure) im Feuer verbrennen; 17 denn Gott hat es ihnen ins Herz gegeben, seinen Plan auszuführen und nach einem Plan zu handeln und ihre Herrschaft dem Tier zu übergeben, bis die Worte Gottes erfüllt sein werden.

18 Und das Weib, das du sahst, ist die große Stadt, die die Herrschaft hat über die Könige der Erde.

Auf die Deutung „der sieben Köpfe" folgt die Deutung „der zehn Hörner" des Tieres. Nach dem Vorbild der Danielischen Tier-Vision werden dieselben auf „zehn Könige" gedeutet (V 12 a). Als Symbol der Vollständigkeit unterstreicht die Zahl Zehn zugleich die ausnahmslose Parteinahme dieser Verbündeten des Tieres (= des Verfolger-Kaisers), die im übrigen mit den in unserem Buch öfters genannten „Königen der Erde" identisch sind. Der Versuch, dieselben historisch identifizieren zu wollen, läge nicht in der Absicht des Verfassers. Das schließt indes nicht aus, daß derselbe bei dem traditionellen Ausdruck auch an Titularkönige dachte, die Rom in der einen und anderen eroberten Region beließ. Da das Erscheinen des Tieres zuvor als noch bevorstehend angesagt wurde und auch das Danielbuch die Herrschaft „der zehn Könige" für die Zukunft ankündigte (Dan 7, 24), heißt es auch hier folgerichtig, diese Könige seien noch nicht zur Herrschaft gekommen; sie würden aber zusammen mit dem Tier „Macht wie Könige" erhalten, nämlich „für eine Stunde", das heißt: für die kurze Zeit, die die Verfolgung der den Kaiserkult ablehnenden Christen dauern wird (V 12).

Diese ist gemeint mit dem Krieg, zu dem das Tier und seine willfährigen Satelliten antreten werden (V 13–14 a). Der Sieg des Lammes und seiner treu bleibenden Nachfolger steht aber im voraus fest (V 14 b c). Denn als „der Herr der Herren und der König der Könige" – ein Doppeltitel, mit dem sich die parthischen Großkönige zu schmücken pflegten – ist das Lamm stärker als jede noch so geballte irdische Feindmacht. Daß der Deute-Engel mit dieser kurzen Szene das endgerichtliche Schicksal „des Tieres" und der Könige der Erde, das später, in der Vision von der sogenannten „Messiasschlacht", noch ausführlicher geschildert wird (19, 11–21), wenigstens einschlußweise vorwegnimmt, hat einen leicht ersichtlichen Grund. Wenn die zehn Hörner

schon im Anschluß an Dan 7,24 auf zehn noch zur Herrschaft kommende Könige gedeutet werden, muß auch gesagt werden, worin die Ausübung ihrer Herrschaft bestehen
wird.

Nun hatte der Schalenengel eingangs versichert, dem Se-
her das Gericht über „die große Hure" zu zeigen (17,1). Um
diese wieder einzuführen, verweist der Engel zurück auf die
Gewässer, an denen die Hure sitzt (V 15). Die Deutung der
Gewässer auf vielsprachige Nationen soll die universale
Macht der Hure = der Hauptstadt Rom versinnbilden. Bei
Ezechiel war die eindrucksvolle Allegorie von der hureri-
schen Oholiba (= Israel) zu lesen, die von ihren einstigen
Liebhabern erbarmungslos bloßgestellt und vernichtet wird
(Ez 16,15–41 und besonders 23,11–35). Diese Vorlage läßt
sich der Apokalyptiker nicht entgehen, um das vernich-
tende Gericht, das die Hure Babylon trifft, mit einem drasti-
schen Bild anzukündigen (V 16).

Wir begegnen hier einem im Alten Testament schon vielfach bekundeten Prinzip: Es gibt keinen vollendeten Dualis-
mus in dieser Welt! Der richtende Gott kann sich auch der
selbstvernichtenden Macht des Bösen bedienen. Ohne es zu
wissen, werden die Handlanger Satans zu Vollstreckern des
göttlichen Gerichts (V 17). Ist man nicht versucht, im Verlauf der Geschichte auch dieses Phänomen immer wieder
beobachten zu können?

Wie kann der Deute-Engel aber sagen, das „die Hure" (=
die Hauptstadt) tragende „Tier" (= Domitian als Inhaber
der Kaisermacht) werde selbst zusammen mit den ihm ein-
mütig ergebenen Satelliten (= den zehn Hörnern) das Endgericht an der Hure vollstrecken (V 16–17), nachdem er zuvor die Besiegung dieses Tieres und der zehn Hörner durch
das Lamm als deren endgerichtliches Schicksal vorausgesagt
hatte (V 12–14)? Allzu voreilig wollte man jene Verse
15–17 schon als spätere Einfügung ansehen. Wahrschein-

lich verrät uns das Nebeneinander dieser beiden Szenen nur wieder einmal beispielhaft, daß unser Apokalyptiker mit seinen unterschiedlichen Gerichtsbildern zwar die unabwendbare Gewalt des sicher kommenden Endgerichts, nicht aber dessen konkreten Vollzug dartun will. Auch für ihn wird das Endgericht selbstverständlich nicht aus mehreren Teilgerichten bestehen, die in der von ihm gebotenen Reihenfolge ablaufen würden. Beide Szenen, die der Verse 12–14 wie die der Verse 16–17, wollen das Schicksal der politischen Verfolgermacht in dem einen Endgericht voraussagen. Die erste Szene faßt „das Tier" und „die zehn Hörner" als „Objekt" des Gerichts ins Auge, die zweite Szene hingegen „die Hure".

Und nicht genug! Um das endgerichtliche Schicksal der Repräsentantin der totalitäten Staatsmacht anschließend auch noch unter dem alttestamentlich geläufigen Bild des Untergangs einer Stadt inszenieren zu können, fügt der Deute-Engel zur Überleitung noch ausdrücklich hinzu, daß das als die große Hure gekennzeichnete Weib „die große Stadt" ist (V 18).

Die Vision vom Gericht
über „die große (Stadt) Babylon": 18, 1–24

Die Älteren von uns wissen aus eigener Erfahrung, was die Zerstörung wohlhabender Großstädte durch Bomben und verheerendes Feuer (vgl. V 8 b) bedeutet. Führt in unserer Vision und Audition nicht eine uns zutiefst anwidernde Schadenfreude über den totalen Untergang der Hauptstadt des Römischen Reiches Regie? Jesus verbot, Böses mit Bösem zu vergelten. Und da ergeht vom Himmel die Aufforderung, Rom mit gleicher Münze heinzuzahlen, ja ihm doppelt zu vergelten (V 6–7 a)!

Der begreifliche Anstoß des heutigen Lesers ergibt sich
fürs erste aus der Verkennung des literarischen Genus altprophetischer Gerichtsorakel, das hier zur Verwendung
kommt. Geradezu Satz für Satz ist den Ankündigungen des
göttlichen Strafgerichts an großen Heidenstädten wie Babylon, Tyrus und Ninive entnommen. Dabei liegt unserem
apokalyptischen Prediger nicht an der besonderen Voraussage, Rom werde einem Totalbrand zum Opfer fallen, obwohl ein solcher auf der Bildebene auch von den anschließenden – ebenfalls alttestamentlichen Vorbildern folgenden – Klageliedern über die dahingesunkene Stadt (V 9–19)
vorausgesetzt wird. Johannes rechnet, wie er auch an dieser
Stelle ausdrücklich wiederholt, mit der weltweiten Verführung zum Götzendienst des Kaiserkults (V 3 a). Und dieser
ist eine Sünde – so will er mit Bildzügen prophetischer Sprache, vor allem an die Adresse gefährdeter Christen, versichern –, die die endgerichtliche Bestrafung verdient.

Dieselbe wird so sicher eintreffen, daß ein aus dem Himmel herabgestiegener Engel, dem der Machtglanz des erscheinenden Gottes eignet (Ez 43,2), mit dem Botenspruch
von Jes 21,9 – ein weiteres Mal – den Fall „Babylons, der
Großen", als schon erfolgt verkündet (V 1–2 a). Auch für
das nachfolgende gespenstische Bild völliger Trostlosigkeit
lieferten Weissagungen gegen Babylon (Jes 13, 20–22 a); Jer
50, 39) und Edom (Jes 34, 11–14 G) den Hintergrund.

Die Hauptschuld des neuen Babylon ist die Verführung
zum Götzendienst des Herrscherkults (V 3 a). Der „Hurerei", nämlich des Götzendienstes, waren ja schon Heiden-
städte wie Babylon (Jes 47, 10 G), Tyrus (Jes 23, 15–17) und
Ninive (Nah 3, 4) bezichtigt worden. Durch einen blühen-
den Welthandel (V 3 b) verführte Rom zu einem Kult des
Wohllebens wie der dieses ermöglichenden Staatsmacht.

Die im Exil lebenden Israeliten wurden einst gemahnt,
aus dem gerichtsverfallenen Babylon zu fliehen: „Fort, fort!

Zieht von dort weg! Faßt nichts Unreines an!" (Jes 52,11).
„Zieh weg aus seiner Mitte, mein Volk! Jeder rette sein Leben vor dem glühenden Zorn des Herrn" – wiederholte Jeremia (51,45). Die Wiederholung dieser Mahnung durch
eine Himmelsstimme (V 4) will selbstverständlich nicht besagen, die römische Christengemeinde solle aus der Tiber-
stadt ausziehen. Johannes will mit den überlieferten Bildern vom Fall (V 2) und Brand (V 9–10) ja die endgerichtliche Strafwürdigkeit der Repräsentantin des Weltstaats veranschaulichen, nicht aber eine innerhalb der fortlaufenden
Geschichte erfolgende Katastrophe beschreiben, die Rom
treffen würde. „Babylon" die gottwidrige Weltstadt, ist für
unseren Apokalyptiker zudem überall gegenwärtig, wo der
Kaiserkult betrieben wird und die Christen in Gefahr sind,
dem äußeren Druck zu erliegen und so vom kommenden
Gericht mitbetroffen zu werden. Die Christen werden deshalb zur inneren Emigration aus der Sünde und aus der
Strafe Gottes aufgefordert. Mit Recht zitieren manche Autoren die treffende Auslegung des Kirchenlehrers Augusti-
nus: „Das prophetische Gebot ist geistlich zu verstehen:
Wir sollen aus der Stadt dieser Welt fliehen, indem wir mit
den Schritten des Glaubens, der in der Liebe tätig ist, uns zu
dem lebendigen Gott flüchten."

Wie schon bei Jeremia auf die Mahnung zum Auszug des
Gottesvolkes aus Babylon, das die Völker betrunken
machte (51,6f), der Satz folgte: „Denn sein (Babels) Gericht
reicht bis zum Himmel hinauf, ragt bis zu den Wolken empor" (51,9c), so folgt auch hier die Feststellung, daß sich die
Sünden des endzeitlichen Babylon bis an den Himmel auf-
türmen und damit die Grenze der göttlichen Langmut erreicht ist (V 5). Wenn die Himmelsstimme sodann die Strafengel mit Prophetenworten zur Vergeltung (Jer 50,15.29),
ja, nach traditioneller Ausdrucksweise für volle Vergeltung,
zu „doppelter" Heimzahlung (Jes 40,2 G) aufruft (V 6–7 a),

sollten wir uns daran erinnern, wie oft unsere Apokalypse früher betonte, daß Gott nichts unversucht läßt, um die Menschen zur Besinnung und Umkehr zu führen.

Es kann nicht überraschen, daß die überhebliche Selbstherrlichkeit Roms ebenfalls in Anlehnung an Worte gezeichnet wird, die der Prophet das „üppige Weib" Babel in seinem Herzen sprechen ließ: „Ich bleibe für immer und ewig die Herrin ... Ich und sonst niemand! Niemals sitze ich da als Witwe, Kinderlosigkeit kenne ich nicht" (Jes 47,7–8). In gleicher Weise brüstet sich das neue Babylon als unanfechtbare Weltbeherrscherin, die – das ist wohl mit Vers 7 b gemeint – ungeschwächt aus den Kriegen ihrer Legionen hervorgeht und keinen Verlust an Macht und Leben zu fürchten braucht. Ist es da nicht völlig aussichtslos, sich dem Kult dieser Staatsmacht entziehen zu wollen? Nein! – antwortet der Apokalyptiker, der jetzt vorübergehend aus der Zeitform der Vergangenheit in die der Zukunft wechselt (V 8–15), in der ja auch die altprophetischen Gerichtsankündigungen meistens gehalten sind. Auch hier wird sich der richtende Gott als der Stärkere erweisen: durch „Feuer", das seit der alttestamentlichen Prophetie das geläufigste Gerichtsbild ist, wird das neue Babel vernichtet werden (V 8).

Daß der Totalbrand der Stadt nicht näher beschrieben wird, ist auch deshalb verständlich, weil Johannes Rom höchstwahrscheinlich nie gesehen hatte und sich kaum eine konkrete Vorstellung von der Hauptstadt und deren Lage machen konnte. Dafür bot ihm der Rückgriff auf alttestamentliche Vorbilder, vorab auf die prophetische Totenklage über den Fall der reichen phönizischen Hafen- und Handelsstadt Tyrus (Ez 26,15–27,36), die Möglichkeit, zunächst in einem dreistrophigen Klagelied (V 9–19) ein eindrucksvolles Bild vom jähen Ende größter Macht und Pracht der Welthauptstadt zu zeichnen.

Zu diesem Zweck läßt er drei Gruppen von Hauptnutz-
nießern – „die Könige der Erde" (V 9 – 10), die Kaufleute (V
11 – 17 a) und alle, die auf dem Meer fahren (V 17 b – 19) –
von ferne den Rauch der brennenden Stadt erblicken und
ihre refrainartige „Wehe, Wehe"-Klage anstimmen. Wieso
können diese drei Gruppen aber noch in Aktion treten,
wenn der Brand der Stadt doch deren endgerichtliche Bestrafung versinnbilden soll? Wieso können etwa „die Könige der Erde" noch klagen über „das Gericht", das über „die
starke Stadt" gekommen ist (V 9–10), als ob sie selbst vom
Endgericht nicht betroffen würden? Wieder einmal ist
daran zu erinnern, daß Johannes in unserem Kapitel speziell die Reichshauptstadt als Gegenstand des Endgerichts
im Blick hat und daß das hier verwendete Bild (Vernichtung
durch Feuer) für endgerichtliche Bestrafung für sich steht
und dieses Bild sehr wohl die Inszenierung einer Totenklage ermöglichte, die gegenüber der von Ezechiel 26/27
übrigens deutlicher gegliedert und mehr oder weniger auf
Rom abgestimmt ist. Wie in der Ezechiel-Vorlage ist die
Wehklage sodann auch hier keine reine Totenklage. In allen Chören drängt sich das quälende Entsetzen über den
Verlust des eigenen Nutzens in den Vordergrund.

Das jähe totale Ende der Weltstadt wird gegen Schluß
noch durch eine von Jer 51,63 f inspirierte Zeichenhandlung unterstrichen: „Und ein gewaltiger Engel hob einen
Stein auf, so groß wie ein Mühlstein, und warf (ihn) ins
Meer und rief: So wird Babylon, die große Stadt, mit
Schwung hinabgeworfen werden, und nimmermehr wird
sie zu finden sein" (V 21). Um die Endgültigkeit des Gerichts noch des weiteren zu versinnbilden, macht der Engel
das „nimmermehr wird sie zu finden sein" (vgl. Ez 26,21)
zum leitenden Refrain einer Art Gerichtsliedes, das im Anschluß an biblische Texte (Ez 26,13; Jer 25,10 und Jes
24,8f) die unheimliche Totenstille der vernichteten Stadt

ansagt (V 22–23 b). Was in der Stadt hingegen „gefunden
wurde", war das Schuldobjekt der die Völker durch ihren
Wohlstand verzaubernden Weltstadt: „das Blut" von Zeugen des Christusglaubens (V 23 b c.24). So wird das Stichwort vom Nimmermehr-gefunden-Werden zum Schluß in
einer fast ironisch wirkenden positiven Aussage nochmals
aufgenommen.

Den aktuellen Bezug dieser Ankündigung und Verkündigung des Gerichts vergegenwärtigt auch der voraufgehende
Hinweis auf die Reaktion der ans Ziel gekommenen Christen. Dem „Wehe"-Ruf der den Untergang der Stadt Bekla-
genden stellte eine Himmelsstimme die Aufforderung zum
Jubel entgegen: „Freue dich über sie, Himmel, und ihr Heiligen, Apostel und Propheten, denn Gott hat euer Gericht an
ihr gerichtet" (V 20) – so etwa wäre dieser Begründungssatz
wörtlich wiederzugeben.

Wieder einmal würde der Vorwurf rachsüchtiger Schadenfreude den Tiefensinn dieser ebenfalls altbiblischer
Ausdrucksweise (Jes 44,21; Dtn 32,43 G) folgenden Aufforderung verkennen. Für die Adressaten unseres Buches,
die sich darauf einstellen sollen, daß sie wegen der Verweigerung des Kaiserkults von weltlichen Gerichten als „Athe-
isten" mit dem Tode bestraft werden (vgl. V 24), geht es um
die Frage, wer sich denn als der wahre Gott erweisen wird
oder, etwas banal ausgedrückt, wer am Ende der Dumme
sein wird: sie selbst oder die ihren Tod Verschuldenden.
Keine Sorge, will unser Aufruf an den „Himmel" = an die
Engel und vorab an die mit den drei Bezeichnungen gemein-
ten Märtyrer besagen: das von irdischen Gerichtshöfen ge-
fällte Strafurteil wird vom höchsten Gerichtshof als falsch
aufgehoben werden und zur Verurteilung der Schuldigen
führen! Unnötig war diese himmlische Versicherung keinesfalls. Vergessen wir keinen Augenblick, daß die politische und wirtschaftliche Macht des heidnischen Weltrei-

ches in kritischen Situationen für die noch völlig machtlose Minderheit der Christen eine bleibende Versuchung zur Resignation sein mußte.

Wir wären im übrigen schlecht beraten, wollten wir es bei der Entrüstung über das kräftige Pathos prophetischer Gerichtsrede belassen und gar meinen, diese Gerichtspredigt habe unserer fortschrittlichen Welt nichts mehr zu sagen. Eine atheistische Staatsideologie, die zugunsten des totalitären Weltstaats auf die völlige Überwindung des Gottesglaubens hinzielt, kann doch wohl nur als eine andere Form des alten heidnischen Staatskults bezeichnet werden. Und muß in einer Gesellschaft, die unter Berufung auf den Pluralismus der Weltanschauungen grundlegende christliche Gebote und Lebensformen mehr und mehr als überholte Praktiken abstempelt, die Mahnung, durch allzu bequeme Kompromisse nicht selber mitschuldig zu werden, nicht neue Aktualität gewinnen? Auch im christlichen Raum ist das offene Wort vom kommenden Gericht sowenig geschätzt wie die schonungslose Demaskierung anmaßender menschlicher Selbstherrlichkeit, die blind auf das eigene Vermögen vertraut und jedes Empfinden für einen tieferen Mangel vermissen läßt. Und doch hält die ganze Bibel daran fest: letztlich und endlich wird auch diese Selbstherrlichkeit vor dem göttlichen Richter kapitulieren müssen.

Jubel im Himmel: 19, 1–10

Das Gericht über das den Herrscherkult verschuldende Weltreich wurde in den voraufgehenden Kapiteln 17 und 18 unter dem Bild „der großen Hure" und dem „der großen (Stadt) Babylon" dargestellt. Ehe der Seher in einer weiteren Verkündigung desselben Endgerichts „das Tier" (= das

Sinnbild des anti-christlichen Kaisertums) und „den falschen Propheten" als Objekte des Gerichts in den Blick
nimmt, lenkt er Herz und Sinn seiner Adressaten auch hier
wieder kontrapunktisch auf den Endsieg des Lammes und
seiner Getreuen. Den Wehklagen der Alliierten und Nutz-
nießer Roms über den Untergang der Stadt (18,10.15 b.19)
stellt er jetzt Triumphlieder der uns schon vertrauten Art
gegenüber.

Erstmals in einer christlichen Schrift ertönt hier im
Wechselgesang von Vollendeten und hohen Engelgruppen
das hebräische Wort „Halleluja" (Ps 104,35 u. ö.), das wörtlich „Preist Jahwe" heißt. Zur Zeit der Abfassung unseres
Buches war dieses triumphale „Halleluja" aus der synagoga-
len Liturgie bereits auch in die christliche übergegangen.

Wichtiger als eine deutliche Abgrenzung der himmlischen Sängerchöre sind dem Apokalyptiker Grund und Inhalt ihrer Lobgesänge. Das einleitende Triumphlied „einer
großen Schar" (V 1 a) blickt rückwärts auf das gerechte und
endgültige Gericht über „die große Hure", durch das Gott
seine Machtherrlichkeit manifestiert hat (V 1–3).

Die ebenfalls „große Schar" des zweiten Triumphliedes
(V 6–8) kennzeichnet die bereits vom ersten Chor geprie-
sene Machtoffenbarung Gottes (V 1 c) zunächst ausdrücklich als Aufrichtung der universalen Königsherrschaft Gottes und blickt sodann vorwärts auf die Heilsvollendung (V
7–9 a). Gegenüber dem ersten Chor ist die Lautstärke dieses
zweiten auffallend gesteigert (V 6 a). Der Vergleich mit Phä-
nomenen einer Theophanie = Gotteserscheinung (Ez
1,24; 43,2) soll wohl unterstreichen, daß mit der erfolgten
Aufrichtung der Gottesherrschaft (vgl. Dan 7,14) der die
Geschichte abschließende Höhepunkt aller Selbstoffenba-
rung Gottes gekommen ist – und damit eben auch das beseligende Heil der Christusgetreuen.

Eben dieses ist gemeint mit dem längst geläufigen Bild

der Hochzeit (V 7–8): „Denn gekommen ist die Hochzeit des Lammes, und seine Frau hat sich bereit gemacht" (V 7 b). Nach jüdischem Recht galt schon die Verlobte als verheiratete Frau. Schon deshalb kann Johannes sagen, „die Frau" des Lammes habe sich für die Hochzeit bereit gemacht. Vor allem liegt ihm aber daran, das Symbolwort „die Frau", das im früheren Kapitel 12 die die satanische Vernichtungswut überstehende Heilsgemeinde bezeichnete, hier aufzunehmen. Im Gegensatz zur blutigroten Bekleidung und zum aufwendigen Pomp „der großen Hure" (17, 4 f; 18, 16) kleidet sich die Braut des Lammes in strahlend reines Leinen, das in einer Zwischenbemerkung auf das gottgewollte Verhalten „der Heiligen" = der Christen gedeutet wird (V 8).

Und diese sollen wissen: „Selig, die zum Hochzeitsmahl des Lammes geladen sind" (V 9 b). Apokalyptische Darstellung erlaubt sich gern einen raschen Wechsel der Bilder. So versteht diese Seligpreisung dieselben Christen, die zuvor als die Frau des Lammes eingeführt wurden, nun als Hochzeitsmahlgäste. Mit dem Begriff der Einladung, genauer des „Berufen-worden-Seins", läßt auch sie den Gnadencharakter der Heilserlangung anklingen. Das festliche Mahl ist in der altbiblischen Überlieferung stehendes Bild für das Glück und die Freude der verheißenen Heilszeit geworden. So hatte auch der Heiland selbst beim Letzten Mahl den Blick seiner Jünger auf die das vollendete Leben versinnbildende Mahlfeier der offenbaren Gottesherrschaft ausgerichtet (Mk 14, 25). Denselben Bezug der heiligen „communio" zur verheißenen Vollendung der Lebensgemeinschaft mit Christus will die Liturgie ins Bewußtsein rufen, wenn sie mit unserer Seligpreisung zum Kommunionempfang einlädt. Dieser Bezug würde freilich verwischt, wenn der Liturge statt von „Hochzeitsmahl" verkürzend nur vom „Mahl" oder „Gastmahl" des Lammes sprechen würde.

Zur Schilderung des „Hochzeitsmahles" kommt es freilich nicht. Nicht nur weil sich eine Ausmalung nicht empfehlen konnte, was erst recht für die „Braut" und „Frau" als Bild der Heilsgemeinde Christi gilt. Erst die Schlußvision von der vollendeten Heilsgemeinde ist der gegebene Ort, an dem der Seher das voll-erlöste Dasein der „Braut" und „Frau" des Lammes vor allem mittels der geeigneteren Bilder der Gottesstadt und des wiederkehrenden Paradieses veranschaulichen wird (vgl. 21,1–22,5).

Zuvor wird unser Apokalyptiker indes noch weitere Visionen vom Endgericht bringen. Da er es an literarischer Begabung nicht fehlen läßt, ist nicht zu erwarten, daß er vom Heilsbild des Hochzeitsmahles des Lammes abrupt zum Gerichtsbild des kriegerischen Messias in der nachfolgenden Vision von der sogenannten „Messiasschlacht" (19,11–21) übergeht. Nicht zuletzt um diesen schroffen Übergang zu vermeiden, fügt er der Seligpreisung noch eine kurze Szene (V 9b–10) an, die das traditionelle Motiv vom Verbot der Engelanbetung verwendet. In ähnlicher, noch etwas erweiterter Fassung wird dieselbe Szene nach der Schlußvision vom „neuen Jerusalem", das ja die positive Gegengröße zur gerichtsverfallenen Stadt „Babylon" darstellt, wiederkehren und das „Nachwort" des ganzen Buches einleiten (22,6–8). Was Johannes als Vollendung der Christusoffenbarung verkündet, ist zuverlässig, weil er als ein wahrer Prophet – im Unterschied zu falschen Propheten, die in den von ihm angesprochenen Gemeinden ja auch am Werk sind – das von Jesus selbst abgelegte Zeugnis weitergibt (vgl. 1,1 f). Das ist die eigentliche Sinnspitze der abschließenden Verse 9b–10.

Die Vision vom Gericht über das Tier und den falschen Propheten: 19, 11–21

11 Und ich sah den Himmel offen, und siehe, ein weißes Pferd, und der auf ihm sitzt, heißt Treu und Wahrhaftig, und gerecht richtet er und führt er Krieg.

12 Seine Augen sind wie eine Feuerflamme, und auf seinem Haupt trägt er viele Diademe, und einen Namen trägt er geschrieben, den niemand kennt als er allein;

13 und er ist bekleidet mit einem blutgetränkten Gewand, und sein Name heißt: Das Wort Gottes.

14 Und die Heere im Himmel folgten ihm auf weißen Pferden, sie waren in reines weißes Leinen gekleidet.

15 Und aus seinem Mund kommt ein scharfes Schwert, damit er mit ihm die Völker schlage, und er wird sie mit eisernem Stabe weiden; und er tritt die Kelter des Weines des grimmigen Zornes Gottes, des Allherrschers.

16 Und auf seinem Gewand und auf seiner Hüfte trägt er den Namen geschrieben: König der Könige und Herr der Herren.

17 Und ich sah einen Engel in der Sonne stehen, und er schrie mit lauter Stimme und rief allen Vögeln, die hoch oben am Himmel fliegen, zu: Kommt herbei, versammelt euch zum großen Mahl Gottes, 18 ihr sollt fressen das Fleisch von Königen, das Fleisch von Heerführern, das Fleisch von Starken, das Fleisch von Pferden und ihren Reitern, das Fleisch von allen Freien und Sklaven und Kleinen und Großen.

19 Und ich sah das Tier und die Könige der Erde und ihre Heere versammelt, um Krieg zu führen mit dem, der auf dem Pferd sitzt, und mit seinem Heer.

20 Und das Tier wurde gepackt und mit ihm der falsche Prophet, der vor ihm die Zeichen getan hatte, durch die er jene verführte, die das Malzeichen des Tieres annahmen und sein Bild anbeteten. Lebendig wurden beide in den Feuersee geworfen, der mit Schwefel brennt.

21 Und die übrigen wurden getötet mit dem Schwert, das aus dem Mund des Reiters hervorging, und alle Vögel fraßen sich satt an ihrem Fleisch.

Mehrfach bezeugt das Alte Testament die Erwartung, Jahwe werde die israelfeindlichen Völker in einer großen Schlacht besiegen und vernichten. Nachdem Psalm 2 schon längst dem Messias versichert hatte, er werde die Heidenvölker mit eisernem Zepter zerschmettern, wurde die Vorstellung vom siegreichen Krieg Jahwes im Frühjudentum sehr nachdrücklich auch auf den Messias übertragen.

Erinnern wir uns: „das Tier" (aus dem Meer) versinnbildet den sich selbst vergottenden römischen Kaiser. Dieses Tier wurde als Nachäffung des gekreuzigten und auferstandenen Messias Jesus, somit als „Anti-Christ" gezeichnet. Nichts lag deshalb näher, als daß unser Apokalyptiker das Gericht über das Tier und den falschen Propheten durch den wiederkommenden Christus vollziehen läßt und er sich dabei des schon früher (14,20; 16,13–16) angeklungenen Bildes vom messianischen Krieger bedient.

Das „weiße" Pferd (V 11 b) deutet den zum Gericht erscheinenden Christus im voraus als triumphierenden Sieger an. Ein Apokalyptiker geniert sich freilich nicht, auch schockierend blutrünstige Züge prophetischer Kampfsprache in sein Visionsbild einzubringen. So trägt dieser messianische Krieger das vom Blut der Feinde durchtränkte Gewand des aus der Schlacht heimkehrenden Jahwe (vgl. V 13 a mit Jes 63, 1 f). „Er tritt die Kelter des Weines, des grimmigen Zornes Gottes" (vgl. V 15 c mit Jes 63, 2 f). Ein aus seinem Mund hervorgehendes Schwert tötet die Heeresmacht des Tieres (V 15 a und 21). Und geradezu grauenhaft wirkt die aus Ezechiel (39, 4.17–20) entnommene Einladung aller

Aas fressenden Vögel zum großen, von Gott veranstalteten Mahle (V 17–18).

Gerade auch hier darf man nicht übersehen: Wie die vorausgehenden Gerichtsvisionen will auch diese keineswegs die Art und Weise des Vollzugs des Endgerichts beschreiben. Die einleitende Doppelbezeichnung „Treu und Wahrhaftig" (V 11 c) kündigt den siegreichen Krieger denn auch sofort als den an, durch den Gott seine Bundesverheißungen erfüllt und damit den Glauben aller, die ihr Vertrauen auf ihn setzten, rechtfertigen wird, nämlich im Recht schaffenden Gericht. Mit Bedacht ist das „er führt Krieg" dem „er richtet mit Gerechtigkeit" nachgestellt (V 11 d), weil das Bild vom Krieg nur als Veranschaulichung der freilich unabwendbaren, aber ohne materielle Kampfmittel erfolgenden Gerichtsentscheidung verstanden ist.

Deshalb heben die alles durchdringenden Augen des Reiters, seine vielen Diademe und die Unerforschlichkeit seines Wesens (V 12) und nicht zuletzt der Doppelname „König der Könige und Herr der Herren" (V 16) seine göttliche Machtvollkommenheit hervor. Mit dem aus seinem Mund hervorgehenden scharfen Schwert (V 15 a) ist nach gut biblischer Ausdrucksweise nichts anderes gemeint, als was sein zuvor genannter Name „das Wort Gottes" (V 13 b) besagt: die durchschlagende Kraft des richtenden Wortes, des Willens Gottes (vgl. 2 Thess 2, 8). Da es die Vision zur Schilderung eines Kampfes gar nicht kommen läßt, wird auch die Frage, ob die weiß gekleideten, dem Reiter ebenfalls auf weißen Pferden folgenden „Himmelsheere" (V 14) – wahrscheinlich Engel – als Mitkämpfer vorgestellt sind, geradezu gegenstandslos.

Was nicht weniger bezeichnend ist: Noch bevor das Tier und seine Heeresmacht auf der Bühne erscheinen, läßt eine Zwischenvision (V 17–18) schon die Einladung zum Leichenfraß der Aasgeier – ein schauerliches Gegenbild zum

Hochzeitsmahl des Lammes – ausrufen. So sicher steht die totale Niederlage des Gegners im voraus fest. Die Bereitstellung der Streitmacht (V 19) wird nur erwähnt, um sofort ihre Erledigung feststellen zu können (V 20–21).

Warum wird das Tier samt dem Repräsentanten der zum Kaiserkult verführenden Akteure bei lebendigem Leib zu ewiger Peinigung in den „Feuersee" – wie die „Gehenna", die jüdische Bezeichnung für unser „Hölle" hier heißt – geworfen, während „die übrigen" getötet werden (V 20–21)? Letzteres wohl auch deshalb, damit die zuvor ausgesprochene Aufforderung der Vögel zum Leichenschmaus in Erfüllung gehen kann. Vor allem aber will die Vision damit, daß sie das Tier und den falschen Propheten die endgerichtliche Verdammnis erfahren läßt, diese beiden geschichtlichen Helfershelfer des Drachen (= des Teufels) als die Hauptschuldigen herausstellen. Vom endgerichtlichen Schicksal „der übrigen", der Verführten, braucht der Seher an dieser Stelle nicht zu sprechen, da er in seiner letzten Vision vom Endgericht ohnehin alle Toten antreten lassen wird (vgl. 20, 11–15).

Die Vision vom „tausendjährigen Reich": 20, 1–6

Nach gut apokalyptischer Geschichtsdeutung wurde „der Drache" = der Teufel in Kapitel 13 als der hintergründige Auftraggeber und die inspirierende Kraft „des Tieres" und „des falschen Propheten" dargestellt. Auf die endgerichtliche Bestrafung dieser beiden geschichtlichen Helfershelfer (19, 11–21) könnte deshalb jetzt eine Vision von der endgerichtlichen Erledigung des Drachen folgen. Diese Vision wird selbstverständlich nicht fehlen. Sie folgt aber nicht unmittelbar, sondern erst 20, 7–10, nachdem zuvor eine zweiteilige Vision den Drachen für „tausend Jahre" gefesselt im Abgrund verschließen (20, 1–3) und die auferweckten Märtyrer für die Dauer derselben „tausend Jahre" mit Christus herrschen ließ (20, 4–6). Dieses „tausendjährige Reich" ist mit der schwierigste und seit dem 2. Jahrhundert n. Chr. am meisten umstrittene Abschnitt unseres Buches.

a) Die tausendjährige Fesselung des Drachen: 20, 1–3

1   Und ich sah einen Engel vom Himmel herabsteigen, der den Schlüssel zum Abgrund und eine schwere Kette auf seiner Hand hatte.
2   Und er ergriff den Drachen, die alte Schlange, die der Teufel und der Satan ist, und fesselte ihn für tausend Jahre
3   und warf ihn in den Abgrund, schloß zu und drückte ein Siegel darauf, damit er die Völker nicht verführe, bis die tausend Jahre vollendet sind. Danach muß er für kurze Zeit freigelassen werden.

Obwohl die Inszenierung des endgerichtlichen Schicksals „des Drachen" erst in 20, 7–10 folgen wird, wird dieselbe in unserer Vision, die ja unmittelbar an die endgerichtliche Bestrafung seiner geschichtlichen Helfershelfer anschließt, doch schon vorbereitet. Zu diesem Zweck bedient sich Johannes wiederum einer gut apokalyptischen Vorstellung. Das religionsgeschichtlich weitverbreitete Motiv von der Fesselung der chaotischen Macht hatte über die iranische Mythologie – die Fesselung der Schlange Azhi Dahaka, die am Ende der Tage ihre Fessel zerbricht und im letzten Kampf endgültig besiegt wird – auch in die jüdische Apokalyptik Eingang gefunden. Diese läßt Gott die gefallenen Geister in einem Kerker verschließen und für das Gericht aufbewahren. Das durch die Versiegelung noch gesicherte Verschließen des Drachen im Abgrund (V 1–3 a) bedeutet, daß der ohnedies schon zum endgültigen Sturz verurteilte Teufel (vgl. 12, 10–13) nun auch der ihm noch verbliebenen Aktionsmacht beraubt ist.

Als Zweck seiner völligen Kaltstellung wird angegeben: „damit er die Völker nicht verführe, bis die tausend Jahre vollendet sind. Danach muß er für kurze Zeit freigelassen werden" (V 3 b c). Nach seiner Freilassung wird der Drache „die Völker" also verführen können, nämlich zu einem kriegerischen Angriff. Wie das den Verfolgerkaiser versinnbildende Tier ist ja erst recht der dieses bevollmächtigende Drache auf „Kriegführen" bedacht (12, 17; 16, 13–14). Nachdem die voraufgehende Vision die endgerichtliche Bestrafung des Tieres und seiner Heeresmacht unter dem Bild vom „Kriegführen" darstellte (19, 11–21), mußte sich dieses Bild auch zur Veranschaulichung der endgerichtlichen Entmachtung des Drachen aufdrängen. Die in unserem Buch stets „dem Tier" zugeordneten „Könige der Erde und ihre Heere" empfahlen sich als militärisches Aufgebot auch deshalb nicht, weil sie eben zuvor in der „Messiasschlacht" im Tod geendet hatten (19, 9.21). Unser Seher kommt indes nicht in Verlegenheit. Wie seine Vision vom Endgericht über den Satan (20, 7–10) noch bestätigen wird, greift er zu der in der jüdischen Apokalyptik und darüber hinaus weitverbreiteten Vorstellung von einem letzten Ansturm eines riesigen Feindheeres gegen Israel, der zur Vernichtung dieses letzten Feindes führen wird. Dieses Bild schwebt unserem Seher schon an dieser Stelle vor, wenn er hier die Verführung „der Völker" durch den wieder losgelassenen Drachen ankündigt – nämlich zu einem letzten Großangriff, der sein endgerichtliches Schicksal besiegeln wird. Die literarische Geschicklichkeit des Autors zeigt sich noch in einer anderen Hinsicht. Durch den endgerichtlichen Sturz des Tieres und des falschen Propheten war die Durchsetzung des götzendienerischen Kaiserkults als Beweggrund für einen weiteren Angriff des Drachen entfallen. Mit dem von ihm gewählten Motiv der Fesselung des Drachen kann der Seher dessen erneute Angriffswut motivieren.

Warum läßt er den Drachen aber für „tausend Jahre" gefesselt werden? Eine Antwort auf diese schwierige Frage kann nur in Verbindung mit der Fortsetzungsvision versucht werden, die von einem dieselben „tausend Jahre" dauernden Herrschen mit Christus spricht.

b) Das tausendjährige Herrschen mit Christus: 20, 4–6

4   Und ich sah Throne, und sie setzten sich darauf, und das Gericht wurde ihnen übertragen,

und (ich sah) die Seelen derer, die enthauptet worden waren um des Zeugnisses Jesu und des Wortes Gottes willen und die das Tier und sein Standbild nicht angebetet und das Malzeichen auf ihrer Stirn und auf ihrer Hand nicht angenommen hatten;

und sie kamen (wieder) zum Leben und zur Königsherrschaft mit Christus für tausend Jahre.

5   Die übrigen Toten kamen nicht zum Leben, bis die tausend Jahre vollendet sind. Das ist die erste Auferstehung.

6   Selig und heilig, wer an der ersten Auferstehung teilhat. Über solche hat der zweite Tod keine Gewalt, sondern sie werden Priester Gottes und Christi sein und mit ihm als Könige herrschen tausend Jahre.

So gut wie sicher hat der Seher im Versstück 4 b ausschließlich Märtyrer im Auge und sagt er von diesen, daß sie der leibhaften Auferstehung teilhaft wurden und zur „Königsherrschaft mit Christus" kamen (V 4 c). Auch höchst maßgebende Exegeten aller christlichen Konfessionen lassen Johannes „ganz konkret mit einer tausendjährigen Herrschaft Christi und der Märtyrer auf dieser Erde" rechnen (O. Bö-

cher). Sie können sich dafür besonders auf das in Kapitel 5
an das Lamm gerichtete Danklied hoher Engel berufen: „ ...
und du hast sie für unsern Gott zu Königen und Priestern
gemacht, und sie werden auf der Erde herrschen" (5,10).
Die heutigen Befürworter dieser Interpretation verzichten
freilich auf jede Ausmalung des tausendjährigen Reiches,
im Unterschied zu solchen altchristlichen „Chiliasten", denen die irdisch-sinnlichen Genüsse die Hauptsache waren,
was schon im christlichen Altertum zur entschiedenen Ablehnung dieser Form des „Chiliasmus" (von dem griechischen Wort „chílioi" = tausend) führte.

So sehr diese Deutung den Wortlaut für sich zu haben
scheint, ist sie doch mit sachlichen Schwierigkeiten bela-
stet. Von der Erwartung eines tausendjährigen oder unbe-
stimmbar langen Zwischenreiches Christi und der auferweckten Märtyrer auf dieser Erde weiß das gesamte übrige
Neue Testament schlechthin nichts. Dasselbe kennt nur
ein noch zu erwartendes Offenbarwerden des erhöhten
Christus, nämlich das zum Gericht. Eine dem Endgericht
voraufgehende tausendjährige bzw. unbestimmt lange
Herrschaft Christi und auferstandener Märtyrer dieser
Erde, also innerhalb der Geschichte, wäre somit ein Fremd-
körper, der in einem unausgleichbaren Widerspruch zur
übrigen neutestamentlichen Verkündigung stünde. Deshalb sagen die Befürworter jener Deutung meist ausdrücklich, Johannes lasse hier jüdische Überlieferung einfließen,
die theologischer „Sachkritik" unterzogen werden müsse;
oder anders ausgedrückt: diese Erwartung werde „nicht als
(verpflichtende) neutestamentliche Glaubensaussage gelten
können" (K. H. Schelkle).

Zweifellos ist unsere Szene sogar von mehreren altbiblischen Vorlagen inspiriert. Zunächst von der Gerichtsvision
Dan 7. Dem Gericht über König Antiochus IV. als der
schlimmsten Verkörperung des vierten „Tieres" folgte da-

selbst die endgültige Rehabilitierung der in der Verfolgung treu gebliebenen Israeliten, nämlich durch die Übertragung unvergänglicher königlicher Herrschaft. Dem entsprechend läßt der christliche Apokalyptiker der endgerichtlichen Bestrafung „des Tieres" und seines falschen Propheten (20, 11–21) – noch vor der Vision vom Endgericht über den Drachen = den Teufel (20, 7–10) – die endgerichtliche Rehabilitierung der ihm besonders angelegenen Märtyrer folgen.

Um zum Ausdruck zu bringen, daß es jetzt um die endgerichtliche Zuerkennung der Heilsvollendung an die Märtyrerseelen geht, läßt er einleitend eine Gerichtssitzung im Himmel stattfinden, die er unter freier Kombination von Motiven aus Dan 7, 9 und 7, 22.27 freilich mehr andeutet als beschreibt, so daß ungesagt bleibt, wer die auf den Thronen Sitzenden sind (V 4 a).

Warum ist dann aber nicht wie Dan 7, 4. 22 von einem „ewigen" Herrschen die Rede? Das erklärt sich aus einer weiteren Hauptvorlage, die in unserer Visionenfolge 20, 1–10 noch deutlich genug durchscheint. Das Buch Ezechiel läßt dem Messiasreich (Kap. 33–37) den letzten Ansturm eines riesigen Feindheeres und dessen Vernichtung folgen (Kap. 38–39). Der Umstand, daß sich die nachfolgende Vision von der endgerichtlichen Erledigung des Teufels unverkennbar dieses Ezechielischen Ansturmmotivs bedient (vgl. zu 20, 7–10), duldet keinen Zweifel: die vorliegende Abfolge (die Herrschaft des Messias = Christi und der Märtyrer – letzter Ansturm der vom Teufel verführten Völker und ihre Vernichtung) ist von der Abfolge des Ezechielischen Schemas inspiriert.

Die Entwicklung der Endzeiterwartung war im Judentum noch einen Schritt weitergegangen. Nach der älteren Erwartung wird der Messias die Feinde des Gottesvolkes besiegen und ein ewiges Friedensreich auf Erden errichten. Nach dem Aufkommen der Erwartung einer universalen und jenseitigen Heilszukunft hat die frühjüdische Apokalyptik beide Erwartungen miteinander verbunden, indem sie das irdisch-nationale Messiasreich dem ewigen Gottesreich vorordnete. Dadurch wurde das Messiasreich zu einer zeitlich befristeten Epoche, deren Dauer in den verschiedenen Quellen zwischen 40 und 7000 Jahren schwankt. Da nach Ps 90, 4 vor Gott 1000 Jahre wie ein Tag sind (vgl. auch 2 Petr 3, 8), wird die Welt der jüdischen Konzeption der Weltwoche zufolge sieben „Gottestage", also 7000 Jahre, bestehen. Dabei gilt der letzte Tag, der Ruhetag, als Sinnbild des Messianischen Reiches, das deshalb, auch nach älteren rabbinischen Autoritäten, 1000 Jahre dauern wird. Die Verwendung der schon im Ezechiel-Schema grundgelegten Vorstellung von einem zeitlich begrenzten Messiasreich bringt also die Verwendung der Symbolzahl „tausend Jahre" mit sich. „Die Frist der tausend Jahre ist also eine Hilfskonstruktion und die Zahl selbst nicht im Sinne einer datierbaren Zeit gemeint" (U. Wilckens).

Daß Johannes nicht eine zeitliche Begrenzung des Herrschens mit Christus behaupten will, verrät auch die abschließende Seligpreisung (V 6 a). Dieselbe versichert ausdrücklich, daß „der zweite Tod", der eben gleichbedeutend ist mit dem „Feuersee" (vgl. 20, 14 b–15), über die die „erste Auferstehung" Erfahrenden keine Macht hat; ihr Herrschen mit Christus bedeutet also das unverlierbare Endheil. Gemäß seiner früheren christlichen Deutung des alttestamentlichen Motivs vom königlichen und priesterlichen Gottesvolk will der Seher die Teilhabe der Märtyrer am königlichen Herrschen Christi und ihr Priester-Sein (V 4 c. 6 b) als vollendete Aktualisierung christlicher Berufung verstanden haben.

Eine letzte Hintergrundvorstellung, die sich der christliche Apokalyptiker zunutze macht, kann diese Deutung nur bekräftigen. Nach einer älteren jüdischen Anschauung werden nur die Gerechten auferstehen, um am endzeitlichen Heil teilzubekommen. Nach der jüngeren Erwartung werden hingegen alle Toten auferstehen, um das endgerichtliche Urteil zu erfahren. Dieser Anschauung von der allgemeinen Auferstehung folgt Johannes so auffallend, daß er bei seiner letzten Inszenierung des Endgerichts (20, 11–15) sogar die lebenden Menschen ganz außer acht lassen und nur von den Toten sprechen wird. Die Verwendung beider jüdischer Anschauungen ermöglicht es eben unserem Seher, hier das ihm nun einmal besonders angelegene Endschicksal der Blutzeugen Christi kräftig herauszustellen.

Mit dem Satz „Das ist die erste Auferstehung" (V 5 b) will Johannes somit schwerlich zwei zeitlich auseinanderliegende Auferstehungen behaupten. Vielmehr wird er zu verstehen geben wollen, daß er in der vorliegenden Vision noch nicht von der Auferstehung und dem endgerichtlichen Los aller Toten sprechen, sondern erst die endgerichtliche Rechtfertigung und Belohnung der Märtyrer hervorheben will. Und das bedeutet: Was seine Visionen als Nacheinander darstellen, ist in der von ihm angezielten Wirklichkeit ein Ineinander, die Ausfaltung des einen und einmaligen Aktes des Endgerichts. Die Möglichkeit der hier befürworteten Deutung des sogenannten „tausendjährigen Reiches" kann letztlich nur begreiflich und glaubwürdig werden aus dem nun schon bald zum Überdruß betonten, aber kaum bestreitbaren Verfahren unseres Apokalyptikers: Ein und dasselbe Endgericht wird in mehreren, aufeinanderfolgenden Visionen veranschaulicht, um Unrecht und Recht, Niederlage und Sieg der einzelnen, ihn besonders interessierenden Größen eindrucksvoll hervorheben zu können.

Die Vision vom Gericht über den Satan: 20,7–10

7 Und wenn die tausend Jahre vollendet sind, wird der Satan aus seinem Gefängnis freigelassen werden,
8 und er wird ausziehen, um die Völker an den vier Ecken der Erde zu verführen, den Gog und Magog, und sie zum Krieg zu sammeln, ihre Zahl ist wie der Sand am Meer.
9 Und sie zogen auf die Ebene der Erde hinauf und umzingelten das Lager der Heiligen und die geliebte Stadt. Da fuhr Feuer vom Himmel und verzehrte sie.
10 Und der Teufel, ihr Verführer, wurde in den See von Feuer und Schwefel geworfen, wo auch das Tier und der falsche Prophet sind. Und sie werden gepeinigt werden Tag und Nacht in alle Ewigkeit.

Wie schon vermerkt, hatte bereits die einleitende Vision von der tausendjährigen Fesselung des Drachen seine nachfolgende Loslassung auf das „Verführen der Völker" ausgerichtet. Das bestätigt auch die weitgehende Wiederaufnahme der Formulierung von 20,3b in den Versen 7–8a, die an die Fesselungsszene (20,1–3) anknüpfen und diese weiterführen.

„Die Völker" werden jetzt als „der Gog und Magog" gekennzeichnet (V 8). Wir wissen bereits, unser Seher ist von der Prophetie Ezechiels inspiriert, derzufolge dem Messianischen Reich (Ez 37) der Ansturm der feindlichen Heere des Fürsten Gog aus dem Lande Magog gegen Israel und ihre Vernichtung folgen wird (Ez 38–39). Eine schon jüdischerseits eingeleitete Ausdeutung weiterführend, versteht er „Gog" und „Magog" als Bezeichnungen für riesige mythische Völker, die er den Satan von den Rändern der Erde zum Kampf gegen „das Lager der Heiligen" und die im Mittelpunkt der Erdoberfläche gedachte „geliebte Stadt (Gottes)" (vgl. Ez 38,12) „verführen" und versammeln läßt (V

157

8–9). Es wäre völlig abwegig, diese „Völker" historisch identifizieren zu wollen. Der Motivkomplex von diesem letzten Ansturm auf Israel oder auf Jerusalem hat im Grunde nur eine literarische Funktion. Er dient dazu, das endgerichtliche Schicksal des Teufels bildhaft zu verkünden, wie es apokalyptischem Visionsstil entspricht.

Zu einer Kampfhandlung kommt es hier sowenig wie bei der früheren „Messiasschlacht" (19,11–21). Nach dem dortigen Schema werden die Heere getötet, in diesem Fall nach dem Vorbild von Ez 38,22 durch vom Himmel fallendes Feuer, während der Rädelsführer gleich seinen beiden geschichtlichen Helfershelfern in den von Schwefel brennenden See geworfen wird (V 9b–10). Die verführerische Macht des Bösen hat für immer ausgespielt.

Die Vision vom Gericht über die Toten und über die Todesmacht: 20,11–15

11   *Und ich sah einen großen weißen Thron und den, der darauf saß; vor seinem Anblick flohen die Erde und der Himmel, und es gab keinen Ort mehr für sie.*

12   *Und ich sah die Toten, die Großen und die Kleinen, vor dem Thron stehen, und Bücher wurden aufgeschlagen; auch ein anderes Buch wurde aufgeschlagen, das Buch des Lebens; und die Toten wurden nach dem gerichtet, was in den Büchern aufgeschrieben stand, nach ihren Werken.*

13   *Und das Meer gab die Toten heraus, die in ihm waren, und der Tod und der Hades gaben die Toten heraus, die in ihnen waren, und sie wurden gerichtet, ein jeder nach seinen Werken.*

14   *Und der Tod und der Hades wurden in den Feuersee geworfen. Das ist der zweite Tod: der Feuersee.*

*15   Und wer nicht im Buch des Lebens eingeschrieben ge-
funden wurde, wurde in den Feuersee geworfen.*

Meist wird unser Abschnitt als Vision vom Jüngsten oder
Letzten Gericht, vom Endgericht oder Weltgericht bezeichnet. Nun gingen aber schon mehrere Visionen von ein und
demselben Endgericht voraus, die das endgerichtliche Los
der unseren Apokalyptiker besonders interessierenden Akteure zum Gegenstand hatten. Zutreffender ist deshalb von
der letzten Vision vom Letzten Gericht zu sprechen. Dieselbe kann freilich insofern am ehesten als Vision vom
„Weltgericht" oder „Allgemeinen Gericht" bezeichnet werden, als sie das endgerichtliche Schicksal aller Toten – mit
Ausnahme der Märtyrer – im Blick hat. Die unzähligen Toten vergangener Generationen werden sicher auch in der
Vorstellung unseres Sehers gegenüber der im Augenblick
des Gerichts lebenden Menschheit die erdrückende Mehr-
heit darstellen.

Die Vision beginnt mit einer grandiosen Ouvertüre (V
11). Die Größe des geschauten Thrones weist auf die erha-
bene Autorität und sein strahlendes Weiß auf die Machtherrlichkeit des göttlichen Richters. Nicht nur das sichtbare Firmament läßt der Seher entschwinden, um den Anblick des Thronenden freizugeben. Er personifiziert „Himmel und Erde" – der eigentlich biblische Ausdruck für das,
was wir das Universum nennen –, um sie geradezu in Angst
und Schrecken vor der ehrfurchtgebietenden Größe des
Thronenden „entfliehen" lassen zu können. Kräftiger ließ
sich die unwiderstehliche richterliche Macht Gottes nicht
zum Ausdruck bringen.

Das Bild von dem Thronenden läßt am ehesten an Gott
selbst als Richter denken (vgl. 4, 2; 6, 10). Das entspricht
auch der überwiegenden jüdischen Vorstellung vom Allgemeinen Gericht. Das Bild vom Thronenden schließt für

den christlichen Apokalyptiker die Richterfunktion Christi nicht aus, sondern ein, wie er von Anfang an (1, 7), besonders auch in seiner ersten Endgerichtsvision (6, 16 c–17), erkennen ließ. Ein Konkurrenzproblem existiert für Johannes sowenig wie für den Apostel Paulus, der nebeneinander vom Richterstuhl Christi (2 Kor 15, 10) und vom Richterstuhl Gottes (Röm 14, 10) sprechen konnte.

Das Bild vom himmlischen Thron als Symbol der absoluten Souveränität Gottes war am besten dazu geeignet, das Riesenheer der Toten dem Richter gegenüberzustellen (V 12 a), und zwar ausnahmslos alle Toten, wie in Vers 13, wiederum in personifizierender Redeweise, ausdrücklich nachgetragen wird. Das Meer, das bei der primitiven Schiffahrt der Alten ungleich mehr denn heute als todbringende Macht gefürchtet war, wird eigens genannt, weil die im Meer Umgekommenen kein Begräbnis und somit keinen Zugang zum Hades, dem Aufenthaltsort der Toten, fanden.

Verwickelt sich der Seher aber nicht in einen unauflöslichen Widerspruch, wenn er nach der zuvor eindeutig ausgesagten Vernichtung von Himmel und Erde (V 11 b) nicht nur den Gottesthron im Himmel weiterbestehen, sondern auch alle Toten antreten läßt und mit dem Halbvers 13 a sogar ausdrücklich den Weiterbestand des Meeres und der den Hades bergenden Erde voraussetzt? Dies alles soll uns nur wieder an längst Bekanntes erinnern. Schon das Alte Testament widersteht deutlich genug einer Verabsolutierung des Bildes von dem im Himmel thronenden Gott, indem es seine Allgegenwart verkündet. Wir haben es nun einmal mit einem apokalyptischen Seher zu tun, der auch in dieser letzten Gerichtsvision mit seiner Bildsprache keineswegs den Vollzug des Endgerichts fixieren, sondern dieses Endgericht betreffende „Wahrheiten" verkünden will. Und zu diesem Zweck kann er auch nicht übereinstimmende, ja sogar einander widersprechende Bildzüge aufreihen. Wie sehr er sich auf der ganzen Linie der Bildsprache bedient, zeigt nicht zuletzt der kühne Satz, mit dem er das Ende der Macht des Todes verkündet, wobei er nicht nur diesen (vgl. 1 Kor 15,26.54 f), sondern auch den räumlich vorgestellten Hades als widergöttliche Mächte personifiziert: „Und der Tod und der Hades wurden in den Feuersee geworfen", der als „der zweite Tod" an dieser Stelle wohl als Ort völliger Vernichtung verstanden ist (V 14). Wesentlich für unseren Apokalyptiker ist vor allem ein der ganzen Bibel gemeinsamer Gedanke: das Endurteil über die Menschen wird nach dem Ertrag ihres ganzen Lebens ergehen. Um das zu veranschaulichen, bedient Johannes sich eines weiteren aussagestarken Bildes. Schon im Alten Testament war ein in der nachkanonischen Apokalyptik noch geläufiger gewordenes Nebeneinander von „Büchern" grundgelegt. Einerseits war von „Büchern" = Buchrollen die Rede, in denen „die Werke", die guten und bösen Taten der einzelnen Menschen, verzeichnet sind. Andererseits sprach man von „dem Buch des Lebens", in dem die Namen derer registriert sind, die Bürgerrecht in der Welt Gottes haben sollen. Jene „Bücher" (Dan 7, 10) wie „das Buch des Lebens" (Dan 12, 1) läßt auch unsere Vision aufschlagen und nach dem in ihnen Aufgezeichneten das Gericht vollziehen (V 12 bc. 13c.15).

Natürlich läßt gerade auch diese knappe Gerichtsvision mehr Fragen aufwerfen, als sie beantworten will. Nicht einmal die frühere Vision von der endgerichtlichen Belohnung der Märtyrer (20, 4–6), deren Auferstehen eindeutig als Heilsgeschehen verstanden ist, äußerte sich über die Beschaffenheit der Auferstehungswirklichkeit. Ebensowenig kümmert sich unsere Vision um diese Frage. Nach einem apokalyptisch nicht seltenen Muster spricht sie sodann nur von „den Toten". Möglicherweise auch deshalb, weil sich die Adressaten des Buches insgesamt auf das Martyrium als

den geradezu einzig verbleibenden Weg zum Endheil einstellen sollen. Keinesfalls kann man aus dieser letzten Vision Endgericht eine Vorstellung des Autors über das zah-
lenmäßige Verhältnis der das Endheil erlangenden und der
das Heil verfehlenden Menschen herauslesen.

„Wer nicht im Buch des Lebens eingeschrieben gefunden
wurde, wurde in den Feuersee geworfen" (V 15). Dieser
Schlußsatz, der als Ausdruck einer „beinahe eisigen Kälte"
(Ch. Brütsch) empfunden werden kann, ist wiederum aus
der ganz und gar situationsbedingten Zielsetzung des prophetischen Predigers zu verstehen. Von Anfang an durch-
zieht sein Buch eine radikal dualistische Auffassung von
der Menschenwelt. Es wird in seiner Sicht nur mehr zwei
Menschengruppen geben: die große Masse der geistigen
Sklaven des totalen Weltstaates und die Schar der glaubenstreuen Christen, die der Forderung des Herrscherkults widerstehen. Mit dem zitierten harten Schlußsatz will Johannes selbstverständlich nicht etwa zu der Frage des Endheils
der mit der Christusbotschaft überhaupt nicht konfrontier-
ten Menschen Stellung nehmen. Derselbe ist ausschließlich
an seine christlichen Leser gerichtet, die er damit nachdrücklich vor der Verleugnung ihres Glaubens warnen will.
Und eben diese Warnung gilt für die Christen aller Zeiten.

Ebensowenig braucht es uns schließlich zu verwundern,
daß in dieser letzten Gerichtsvision das Endheil selbst überhaupt nicht zur Sprache kommt. Von diesem und von der
vollendeten Heilsgemeinde aus allen Völkern wird seine
unmittelbar anschließende und abschließende Vision
(21, 1 – 22, 5) in einzigartig beredter Weise künden.

Die Vision von der vollerlösten Heilsgemeinde: 21, 1 – 22, 5

Nachdem das Gericht über die Geschichte ergangen sein wird, bleibt nur noch die Enthüllung der eigentlichen Zukunft, der Zukunft der Zukunft. In dieser Schlußvision (21, 1 – 22, 5) erreicht das ganze Buch seinen Höhepunkt: die Vollendung „des Geheimnisses Gottes" (vgl. 10, 7). Einer zusammenfassenden Vision (21, 1–2) und Audition (21, 3–8) folgt eine neuansetzende zweite Vision, die das im ersten Abschnitt Gesagte unter dem Bild der Stadt noch weiter ausführt (21, 9 – 22, 5).

Zwei einleitende Schaubilder: 21, 1–2

1   Und ich sah einen neuen Himmel und eine neue Erde; denn der erste Himmel und die erste Erde sind vergangen, und das Meer ist nicht mehr.
2   Und die heilige Stadt, das neue Jerusalem, sah ich aus dem Himmel von Gott her herabkommen, bereitet wie eine Braut, die für ihren Mann geschmückt ist.

Schon in der voraufgehenden Vision vom Endgericht sprach Johannes dem Wortlaut nach von der Aufhebung der Existenz „der Erde und des Himmels" (20, 11). Im Kontext jener Vision brauchte er darin nicht mehr als ein Bild für die erschreckend absolute Macht des richtenden Gottes zu erblicken, zumal er das Meer und den im Erdinnern gedachten Hades nach wie vor bestehen ließ (20,13). Darüber hinaus sieht Johannes jetzt aber auch „einen neuen Himmel und eine neue Erde". Die Verbindung dieser Schau mit dem nochmals erwähnten Untergang „des ersten Himmels und der ersten Erde", sogar unter ausdrücklichem Einschluß des todbringenden „Meeres" (V 1), scheint ein anderes, nämlich wörtliches Verständnis der Untergangsaussage zu fordern. Auf der Bildebene setzt der Seher hier unbestreitbar den totalen Untergang des bestehenden Kosmos und die nachfolgende Existenz eines neuen voraus, obwohl er mit „ein neuer Himmel und eine neue Erde" lediglich den Doppelausdruck aus der klassischen Prophetie Jesaja 65,17 zitiert und weder von einem Schöpfungsakt noch vom Wie einer Neuschöpfung spricht.

Rechnen wir sogleich einmal mit dem wörtlichen Verständnis dieser Schau eines dem Weltuntergang nachfolgenden „neuen Himmels und einer neuen Erde". Ist dieselbe für uns nicht schon dadurch glattweg zur Bedeutungslosigkeit verurteilt, daß die der sinnlichen Wahrnehmung und Erfahrung entsprungene altorientalische Vorstellung vom zweistöckigen Aufbau der Welt nicht nur keinen Vergleich duldet mit dem, was wir heute, sogar sicher, über den Aufbau und die unvorstellbaren Ausmaße des Universums wissen, sondern sogar objektiv falsch ist? Ganz so leicht können wir uns die Sache nicht machen. Einmal kennt die gesamte Bibel immerhin den Begriff des Weltganzen, für das sie meist die alte räumliche Bezeichnung „der Himmel und die Erde", neben anderen Bezeichnungen aber auch den Ausdruck „das Ganze" verwendet. Sodann versteht sie dieses Weltganze als „Schöpfung" Gottes, die als Schöpfung aus dem Willen und Wirken des über Raum und Zeit erhabenen Gottes nicht herausfallen kann. Mit diesem biblischen Schöpfungsglauben war die grundsätzliche Möglichkeit einer absoluten Verfügung Gottes über das Weltganze gegeben. Wenn biblische Autoren diesbezügliche Aussagen machen wollen, müssen sie sich zwangsläufig des damaligen vorwissenschaftlichen Weltbildes bedienen, wenn anders die Offenbarung als echt geschichtliches Geschehen erfolgen soll. Und dieser Umstand könnte den Offenbarungscharakter der von ihnen beabsichtigten Aussagegehalte auch deshalb nicht beeinträchtigen, weil von einem lehrmäßig fixierten, für den Glauben verpflichtenden Bild vom Aufbau des Kosmos nicht die Rede sein kann. Die kosmologischen Vorstellungen, die zudem keineswegs systematisch vereinheitlicht sind, sind nicht als solche Gegenstand der Belehrung, sondern Ausdrucksmittel für den sich bekennenden Glauben. Deshalb müssen wir uns durchaus für die Möglichkeit biblischer Glaubensaussagen, die die Zukunft des Weltganzen betreffen, offenhalten. Methodisch dürfen wir ja nicht davon ausgehen, was wir uns aufgrund heutiger naturwissenschaftlicher Erkenntnisse und Hypothesen kosmologisch als relative und absolute Zukunft vorstellen oder auch nicht vorstellen können, sondern von der Frage, ob biblische Autoren diesbezüglich Glaubensaussagen beabsichtigen; und wenn, welche.

Sodann muß man sich vorweg wenigstens pauschal einen ziemlich verwickelten Befund vergegenwärtigen. Im Jesaja-Buch lasen die späteren jüdischen Apokalyptiker jene bekannte enthusiastische Heilsverheißung: „Denn schon erschaffe ich einen *neuen Himmel und eine neue Erde.* Man wird nicht mehr an das Frühere denken, es kommt niemand mehr in den Sinn" (65, 17; vgl. auch 66, 22). Daß die Heilszukunft gegenüber der gegenwärtigen Welt, in der Sünde und jedwedes Übel herrschen, völlig anders, *„neu"* sein werde, war die grundlegende Überzeugung, die die jüdischen Apokalyptiker gar nicht genug versichern konnten. In der Beschreibung der Neuheit der erwarteten Heilszukunft gingen sie indes verschieden weit. Meist verstanden

sie den neuen Himmel und die neue Erde von Jesaja, wie
dieser selbst, nicht im strengen Sinn als Neuschöpfung, sondern als sanierende Neugestaltung, als Erneuerung der bestehenden Schöpfung. Diese Apokalyptiker denken an eine
Welt, die keine Naturkatastrophen, keinerlei Beeinträchti-
gung des Lebens und erst recht keine Sünde mehr kennt,
vielmehr nur unvorstellbare Fruchtbarkeit und ungetrübtes
Lebensglück auf der erneuerten Erde. Auch im Neuen Testament finden sich einige Texte, die ihrem Wortlaut nach
für eine Vollendung, eine Miterlösung des bestehenden
Kosmos sprechen oder doch in dieser Richtung gedeutet
werden können – freilich nicht im erwähnten Sinne einer
höchstmöglichen Steigerung des Erdenlebens, sondern als
Befreiung und Erhöhung zu einem „verklärten", der pneu-
matischen Leiblichkeit der Erlösten entsprechenden Zustand. Diese Texte dürfen als die gewichtigsten neutestamentlichen Aussagen über die absolute Zukunft des Weltganzen gelten, die zugleich dem Optimismus des biblischen
Schöpfungsglaubens am meisten entsprechen.

An einigen Stellen ist in jüdischen Apokalypsen aber
auch der totale Untergang von Himmel und Erde sowie ein
nachfolgender neuer Himmel und eine neue Erde vorausgesetzt. Dasselbe gilt, wenigstens dem Wortlaut nach, für die
beiden einzigen neutestamentlichen Stellen, die in Verbindung mit dem Endgericht von einem dem Weltuntergang
nachfolgenden „neuen Himmel und einer neuen Erde"
sprechen. Die zweite Stelle findet sich in dem wohl mehr
als zwanzig Jahre nach unserer Apokalypse verfaßten zweiten Petrusbrief. Sein Verfasser illustriert die vernichtende
Macht des Gerichts, das die von ihm bekämpften Leugner
des Parusieglaubens treffen werde, mit Hilfe des apokalyptischen Motivs vom totalen Weltenbrand (3,4–13).

Halten wir fest: eine Umgestaltung des bestehenden Universums in dem einen oder anderen erwähnten Sinne kann

unser Apokalyptiker nicht im Auge haben, da er dem Wortlaut nach dessen totalen Untergang voraussetzt. Will er somit die wirkliche Erschaffung eines neuen physikalischen Kosmos behaupten, der bei aller Andersartigkeit die Bezeichnung „neuer Himmel und neue Erde" verdient? Eine Antwort auf diese Frage kann man erst von seinen weiteren Ausführungen erhoffen, in denen die Ausdrücke „neuer Himmel" und „neue Erde" freilich nicht mehr auftauchen.

Unvermittelt folgt nun die Vision von dem „aus dem Himmel von Gott her herabkommenden" neuen Jerusalem (V 2). Auch dieses zweite Schaubild sorgt für einige Überraschung. Nach der uns schon bekannten jüdischen Vorstellung, die der Seher hier verwendet, gehört das Jerusalem der Heilszeit zu den endzeitlichen Heilsgütern, die von Ewigkeit an im Himmel bereitgestellt sind, also im derzeitigen Himmel, im „ersten Himmel", wie auch die unten zu erwähnenden neutestamentlichen Texte voraussetzen. Dieser wie auch „die erste Erde" ist dem voraufgehenden Vers zufolge aber doch vergangen, und Johannes sah bereits „einen neuen Himmel". Wie soll er dann „das neue Jerusalem" aus dem ersten Himmel herabkommen sehen? Abgesehen davon, daß er vom „neuen" Himmel als Herkunftsort des neuen Jerusalem nicht spricht, kam meines Wissens noch niemand auf die verrückte Idee, in der Vorstellung unseres Verfassers sei die von ihm geschaute heilige Stadt vor dem Untergang des ersten Himmels in den neuen Himmel überführt worden. Hat der Seher, der sich ja nach wie vor auf dieser, der ersten Erde befindet, wie auch seine spätere geistige Entrückung auf den aus Ez 40, 2 stammenden hohen Berg bestätigt (21, 10), hier etwa deshalb kein Problem empfunden, weil er mit seinem ersten Schaubild gar nicht den faktisch erfolgten Weltuntergang und eine nachfolgende wirkliche Neuschöpfung des Himmels und der Erde behaupten wollte und er die Aussagen der beiden Schaubilder von Vers 1 und 2 deshalb gar nicht als Geschehensabfolge – erst die Existenz eines neuen Himmels und danach das Herabkommen des neuen Jerusalem aus demselben – verstand?

Eine „neue Erde" ist aber doch der angemessene Standort für das „aus dem Himmel" herabkommende „neue Jerusalem". So pflegen Ausleger, die auf ein buchstäbliches Verständnis der „neuen Erde" bedacht sind, verständlicherweise zu argumentieren. Warum spricht Johannes dann aber nie von einem Herabkommen oder Herabgekommensein der Stadt auf eine bzw. auf die „neue Erde"? Noch mehr! Nicht nur in unserer Einführungsvision von Vers 2 sieht Johannes das neue Jerusalem aus dem Himmel von Gott her „herabkommend", wie wörtlich zu übersetzen ist. Sogar in seiner 21, 9 neu ansetzenden zweiten Vision wird er dieses von einem Engel wiederum als „aus dem Himmel von Gott her herabkommend", nicht aber als „herabgekommen", gezeigt bekommen (21, 10). Es scheint ihm bei seiner Formulierung einzig auf den Gedanken anzukommen, daß das neue Jerusalem eine ganz und gar von Gott her kommende, von ihm geschenkte Größe ist, die als solche „die heilige Stadt" in einem absoluten Sinn des Wortes ist.

Nun sind sich die meisten Ausleger darin einig, daß der Apokalyptiker nicht eine wirkliche Stadt meint. Mit seiner zweiten Qualifikation „bereitet wie eine Braut, die für ihren Mann geschmückt ist" (V 2 b) – nämlich zum Hochzeitsmahl des Lammes (19, 7–8) – gibt er ja selbst vorweg einen Tip für das richtige Verständnis dieser Stadt, den er durch die spätere direkte Identifizierung der Stadt und der Braut noch unmißverständlich verdeutlicht. Denn die in 21, 9 folgende Ankündigung des Engels: „Komm, ich will dir die Braut, die Frau des Lammes zeigen", wird durch die anschließende zweite Schau „der heiligen Stadt, Jerusalem", in Erfüllung gehen (21, 10–22, 5). Dieses neue Jerusalem ist wie „die Braut", die dort ausdrücklich auch „die Frau" des Lammes heißt, somit ebenfalls Sinnbild der vollerlösten Heilsgemeinde. Schon in ihrer irdischen Existenz verstand sich ja die Urkirche ihrem Wesen nach als eine vorwegnehmende Realisierung des „oberen", des „himmlischen" Jerusalem (Gal 4, 25 f; Hebr 12, 22 f), was uns auch die frühere Vision von „der Frau" in Kapitel 12 bezeugte.

Damit stellt sich freilich schon an dieser Stelle die Frage, ob das visionäre Phänomen „ein neuer Himmel und eine neue Erde" (V 1) etwa ebenso eine sinnbildliche Bedeutung hat wie das „neue Jerusalem".

Die vom Himmel ergehende Deutung: 21, 3–8

3   Und ich hörte eine mächtige Stimme vom Thron her rufen:
Siehe, die Wohnstätte Gottes unter den Menschen!
Er wird bei ihnen wohnen und sie werden seine Völker sein,
und er, Gott, wird bei ihnen sein,
4   und abwaschen wird er alle Tränen von ihren Augen,
und der Tod wird nicht mehr sein,
weder Leid noch Jammer, noch Mühsal wird mehr sein;
denn das Erste ist vergangen.
5   Und der, der auf dem Throne saß, sprach:
Siehe, ich mache alles neu.
Und er sagt: Schreib auf, denn diese Worte sind zuverlässig und wahr.
6   Und er sagte zu mir: Sie sind in Erfüllung gegangen.
Ich bin das Alpha und das Omega, der Anfang und das Ende.
Ich werde dem Dürstenden umsonst aus der Quelle des Lebenswassers (zu trinken) geben.

7 *Wer siegt, wird dies zum Erbe erhalten,*
und ich werde ihm Gott sein, und er wird mir Sohn sein.
8 *Aber den Feiglingen und Treulosen und (mit Greueln)*
Befleckten und Mördern und Hurern und Zauberern und
Götzendienern und allen Lügnern wird ihr Los beschieden
sein im See, der mit Feuer und Schwefel brennt; das ist der
zweite Tod.

In dieser Audition, die den beiden einleitenden Schaubildern (21, 1 und 2) folgt, wird auf diese nicht ausdrücklich Bezug genommen. Sie nimmt weder das Stichwort von „einem neuen Himmel und einer neuen Erde" auf noch das unmittelbar vorangehende Wort vom „neuen Jerusalem", das der Seher „aus dem Himmel von Gott her herabkommen" sah. Doch bezweifelt niemand, daß unsere Audition jedenfalls dieses zweite, die vollerlöste Heilsgemeinde symbolisierende Schaubild deuten will.

Mit einem großen Wort alttestamentlicher Verheißung verkündet eine vom Thron her kommende Stimme zunächst die bleibende Anwesenheit Gottes, nicht mehr nur unter seinem Volk Israel, wie Lev 26, 11 f zu lesen war, sondern unter „den Völkern" (V 3). Diese vollendete Gemeinschaft Gottes mit der unzähligen Schar aus allen Völkern und Sprachen (vgl. 5, 8) bedeutet sodann, wie wiederum in Anlehnung an Schriftworte versichert wird, die endgültige völlige Aufhebung alles Lebensfeindlichen, das das diesseitige Leben kennzeichnet und deshalb als „vergangen" bezeichnet wird (V 4). Zur Bekräftigung und positiven Weiterführung läßt der Seher nun Gott selbst mit einer etwas abgewandelten Heilszusage zu Wort kommen. Dieselbe lautet bei Jesaja: „Denkt nicht mehr an das, was früher war, auf das, was vergangen ist, sollt ihr nicht mehr achten. Seht her, nun mache ich etwas Neues" (Jes 43, 18–19 a). Nicht nur: „etwas Neues"! Johannes fügt in das alttestamentliche

Gotteswort bewußt noch ein „alles" ein, um den Thronenden noch pointierter sagen zu lassen: „Siehe, ich mache alles neu" (V 5 a). Daß Gott selbst als Ursprung und Endziel alles Seins und aller Geschichte die Zuverlässigkeit dieser Heilsverheißung und deren Erfüllung bestätigt (V 5 b–6 b), unterstreicht die alles überbietende Bedeutung dieses Geschehens.

Weil die Bedingungen des vollendeten Lebens der Heilsgemeinde gegenüber denen des diesseitigen Lebens insgesamt von Grund auf „neu", völlig anders sind, müssen alle aus diesseitiger Erfahrung gewonnenen Begriffe letztlich versagen. Deshalb bleibt auch die Offenbarung dieses „Neuen" auf symbolkräftige Bilder angewiesen. Das Verlangen des Dürstenden nach labendem Wasser war für den Orientalen ein existentiell ergreifendes Bild für das Verlangen der Seele nach Gott (Ps 42, 1 und öfter). Um die beseligende Heilszukunft zugleich als Tat und Gabe göttlicher Gnade hervorzuheben, läßt Johannes Gott im Anschluß an zentrale Vorstellungselemente alttestamentlicher Prophetie (wie Jer 2, 13; Ps 36, 10; Jes 55, 1) den Trank „aus der Quelle des Lebenswassers" verheißen (V 6 c). Selbst eine leicht abgewandelte Spitzenaussage der Bundesverheißungen Gottes an Israel, die „dem Sieger", dem furchtlosen Bekenner die volle Aktualisierung der Gotteskindschaft als „Erbe" zusagt – „ich werde ihm Gott sein, und er wird mir Sohn sein" (V 7) –, steht unter dem Vorbehalt der nicht nur den altprophetischen Erwartungshorizont, sondern jeden menschlichen Erfahrungs- und Erwartungshorizont übersteigenden und darum adäquat nicht aussprechbaren Heilszukunft.

Als dringende Warnung vor dem Abfall vom Glauben stellt der abschließende Vers 8 dem Sieger die Frevler gegenüber, die des Heils verlustig gehen werden: Auch hier kommt wieder das aktuelle Interesse des Verfassers zum Vorschein. Der freilich etwas stereotype „Lasterkatalog" hebt stärker auf die versagenden Christen, nämlich auf die dem götzendienerischen Kaiserkult Erliegenden, ab (besonders mit „Feiglinge", „Treulose", „Befleckte"), als auf jene, die diesen verschulden und betreiben.

Damit hätte Johannes seine Vision von der vollendeten Heilsgemeinde bereits beschließen können. Warum er das nicht tut, wird er gleich selbst durchblicken lassen.

Noch bleibt aber die Frage, was es mit „einem neuen Himmel und einer neuen Erde" auf sich hat. Will unsere vom Himmel ergehende Audition etwa nicht nur das Schaubild vom „neuen Jerusalem", sondern auch das diesem vorangestellte Schaubild von „einem neuen Himmel und einer neuen Erde" deuten? Das eine große Anliegen der Audition ist sichtlich die vollendete und bleibende, lebenspendende Gemeinschaft Gottes mit den Menschen. Rechtfertigt nicht schon dieses eindeutige und nachdrücklich betonte Anliegen die Vermutung, der vom Seher geschaute „neue Himmel und eine neue Erde" sei als Parallelsymbol dem aus dem Himmel herabkommenden neuen Jerusalem zugeordnet? „Himmel und Erde" galten dem biblischen Kosmosverständnis als zwei grundverschiedene Bereiche, die Gott und die Menschenwelt voneinander trennen. Könnte Johannes dann nicht einfach zum Ausdruck bringen wollen, daß die Scheidung zwischen diesen beiden Bereichen aufgehoben, daß „Himmel" und „Erde", die Wohnstatt Gottes und die der Menschen eins werden? Wir dürfen zumindest offenlassen, ob die nachfolgende Schlußvision diese Vermutung verstärken kann.

Die Vision vom neuen Jerusalem: 21, 9–22, 5

Warum setzt Johannes nochmals neu an zu einer Vision
von der „heiligen Stadt Jerusalem" (V 10), obwohl er mit seiner überschwenglichen Beschreibung dieser symbolischen
Größe im Grunde nur nochmals bestätigen kann, daß der
Vollendungszustand der Heilsgemeinde eine Wirklichkeit
sein wird, die sich menschlicher Vorstellbarkeit entzieht?

Der Hauptgrund ist leicht zu erkennen. Wie schon für
das Alte Testament sind „Stadt" und „Frau" ja auch für ihn
gleichwertige und austauschbare Sinnbilder. Von einer
Stadt, die eine Frau ist, hatte er schon ausgiebig gesprochen.
Erinnern wir uns: Einer von den sieben Engeln mit den
Schalen des Zornes Gottes zeigte ihm das Gericht über „die
große Hure", die zugleich als „die große Stadt Babylon" gekennzeichnet wurde (17, 1 ff). Mit fast dem gleichen Wortlaut läßt Johannes einen der sieben Schalenengel jetzt zu
ihm sagen: „Komm, ich will dir die Braut, die Frau des Lammes zeigen" (21, 9). Johannes weiß, wie sehr die politische
und wirtschaftliche Macht Roms die noch verschwindend
kleinen und einflußarmen Christengemeinden beeindruk-
ken und sogar zur Resignation verleiten konnte. Diese sollen sich doch ja nicht betören und verunsichern lassen!
Deshalb liegt ihm daran, der endgerichtlichen Bestrafung
der pompösen Hure (Kap. 16) und der reichen Weltstadt Babylon (Kap. 17) die unaussagbare Herrlichkeit und Lebensfülle der das Gericht bestehenden Heilsgemeinde gegenüberzustellen. Wie nicht anders zu erwarten, wollte der
christliche Apokalyptiker an dieser Stelle auf „die Braut, die
Frau des Lammes" (vgl. 19, 7 f) als Kontrastbild zu „der großen Hure" nicht verzichten. Wie kein anderes Symbolwort
kann gerade dieses das Endheil als vollendete Lebens- und
Liebesgemeinschaft mit Christus versinnbilden. Zugleich
ist aber auch ohne weiteres verständlich, daß er für die

sinnbildliche Schilderung der vollendeten Heilsgemeinde nicht das Symbol „der Frau des Lammes" verwendet, sondern das Gegenbild zu „der großen Stadt Babylon", nämlich das Bild der aus dem Himmel von Gott herabkommenden heiligen Stadt Jerusalem. Das Alte Testament und die apokalyptische Überlieferung hielten ja auch vor allem Anschauungsmaterial zur Beschreibung einer Stadt, vorab des endzeitlichen Jerusalem bereit.

Zur Schilderung des neuen Jerusalem ließ sich unser Seher vor allem von dem großen Zukunftsbild Ezechiels (Kap. 40–48) anregen. Mit der ihm eigenen Freiheit faßte er Grundzüge dieses Zukunftsbildes mit zahlreichen anderen Motiven alttestamentlicher und apokalyptischer Überlieferung zu einem völlig neuen Kolossalgemälde zusammen. Der Prophet Ezechiel sagte von sich, er sei vom Herrn in göttlichen Visionen auf „einen sehr hohen Berg" im Land Israel gebracht worden, von wo er in südlicher Richtung „auf dem Berg etwas wie eine Stadt erbaut" sah (Ez 40,1f). Nach diesem Vorbild entrückt nun der genannte Schalenengel unseren Propheten Johannes „im Geist", also in der visionären Ekstase, „auf einen großen und hohen Berg" und zeigt ihm „die heilige Stadt Jerusalem", und zwar wiederum als „aus dem Himmel von Gott her herabkommend" (21,10). Hier geht es ja nicht um das großartiger wiederaufgebaute irdische Jerusalem der Endzeitprophetie Ezechiels, sondern um das Sinnbild des ganz und gar Gott verdankten Wesens und Lebens der vollerlösten Heilsgemeinde. Die Stadt hat, wie der Seher gleich hinzufügt, „die Herrlichkeit Gottes. Ihr Lichtglanz ist gleich kostbarem Edelstein, wie glänzender Jaspisstein" (21,11). Durch diese generelle Beschreibung will er schon vorweg die Anwesenheit der Machtherrlichkeit Gottes als zentralen Wesenszug der Stadt = der erlösten Heilsgemeinde hervorheben, ehe er zu der nachfolgenden Detailbeschreibung des Äußeren und des Inneren der Stadt (21, 12–22, 5) ausholen wird. Die Lichtherrlichkeit Gottes durchdringt von sich her die ganze Stadt, wie die Vision nicht oft genug versichern kann (21, 23–24; 22, 5 a b).

Der hier gesteckte Rahmen erlaubt es freilich nicht, auf alle Einzelheiten dieser bildkräftigen Beschreibung einzugehen. Diese mögen uns zum Teil recht komisch vorkommen, solange wir nicht auch ihre Vorgeschichte miteinbeziehen. So zum Beispiel einige Bildzüge, die letztlich auf die astrologisch orientierte und durch die Babylonier popularisierte Vorstellung der Götterstadt im Himmel zurückgehen werden. Die „zwölf Tore" der Stadt – eine Mauer mit Durchgangstoren ist ja konstitutiver Bestandteil einer antiken und vollends einer jüdischen Stadt –, die schon Ezechiel voraussetzte und „die Namen der zwölf Stämme der Söhne Israels" tragen ließ (vgl. 21, 12–13 mit Ez 48, 31–35), sowie die jetzt als Torwächter (vgl. Jes 62, 6) vorgestellten „zwölf Engel" scheinen letztlich auf die zwölf Sternzeichen des Tierkreises zurückzugehen. Aus alttestamentlichen Vorlagen ist sodann nicht ableitbar die Reihenfolge der die Grundsteine der Stadtmauer schmückenden Edelsteine (21, 19–20). Ihre Auflistung überschreitet die Hauptvorlage Ezechiel 40–48. Die Reihenfolge der Edelsteine scheint sich am ungezwungensten als totale Umkehrung der Reihenfolge der leuchtenden Himmelssterne, nämlich der zwölf Tierkreiszeichen zu erklären. Da auch jüdische Apokalyptiker noch die Kenntnis dieser ursprünglich astralreligiösen Zusammenhänge verraten, wird Johannes sagen wollen: Die wirkliche Himmelsstadt ist die hier geschaute Gottesstadt; diese hat nichts mit der heidnischen Himmelsstadt der Götter zu tun, sie ist nicht in heidnischer Gestirnreligion zu finden, sondern einzig in der Offenbarung des wahren Gottes, die durch Jesus Christus ergangen ist. Das hatte er schon einige Verse zuvor noch deutlicher zum Ausdruck gebracht. Er sprach, wiederum über Ezechiel hinaus, von „zwölf Grundsteinen" der Stadtmauer, auf denen „die zwölf Namen der zwölf Apostel des Lammes" stehen (21,14). Als Offenbarungsträger bilden diese Apostel das tragende Fundament des ganzen Baues (Eph 2,20; Mt 16,18), nämlich der Kirche, deren Vollendungszustand hier eben nicht unter dem Bild eines Einzelbauwerks, sondern unter dem einer Stadt versinnbildet wird.

Nicht außer acht lassen dürfen wir die schlechthin utopisch wirkenden Maße der geschauten Stadt. Das historische Babylon war nach Herodot quadratisch angelegt, was von anderen antiken Autoren übrigens auch für andere Städte, wie Ninive und Nikaia, behauptet wird. Auch der surrealistische Ezechiel, der das von ihm erhoffte irdische Jerusalem ebenfalls als „Quadrat" schaute (45,2), dachte aber nicht daran, die Stadt als einen ungeheuren Kubus oder Würfel zu beschreiben. Eben dies wagt der Engel unserer Vision: „Und er maß die Stadt mit dem Rohr auf zwölftausend Stadien. Ihre Länge und Breite und Höhe sind gleich" (21,16 b). Wie das Quadrat galt im besonderen auch der Würfel in der alten Welt als Bild höchster Symmetrie und Vollkommenheit. Die symbolische Zahl Zwölf, multipliziert mit der runden Zahl 1000, ergibt im Verständnis des Apokalyptikers eine unermeßliche, ins Unendliche gesteigerte Zahl. Die Gestalt der Stadt als eines riesigen Kubus soll den höchsten Grad der Vollendung der Heilsgemeinde versinnbilden. Verstehen wir die „12 000 Stadien" auch nur wörtlich als wirkliche Maßangabe, ergibt sich auch nach heutigen technischen Begriffen ein unvorstellbarer Baukoloß von etwa 2400 Kilometer Höhe. Und dazu ist der ebenso breite wie lange Koloß – von Einzelhäusern ist ohnedies nicht die Rede – „von reinem Gold, gleich reinem Glas" (21,17 b), was später noch eigens bezüglich „der Straße der Stadt", die vielleicht als die eine große Prozes-

sionsstraße gedacht ist, festgestellt wird (21, 21 c). Wenn der
Ausdruck „Wolkenkratzer" je angebracht erscheint, dann
gewiß hier. Johannes denkt bei diesem riesigen Kubus eben
nicht nur an das „Allerheiligste" des Salomonischen Tempels, das als Stätte der irdischen Gegenwart Gottes mit
zwanzig Ellen nach jeder Seite ebenfalls Kubusgestalt hatte
(1 Kön 6, 20). Er hat zugleich den Turmbau von Babylon als
negatives Ur- und Vorbild der Himmelsstadt im Auge. Der
zum Scheitern verurteilte menschliche Traum eines Turm-
baus, dessen Spitze „bis zum Himmel" reichen sollte (Gen
11, 4), geht erst und wirklich in Erfüllung in dem als Symbol der Heilsvollendung verstandenen Riesenkubus, dessen
Höhe an das Himmelsgewölbe reicht. Die von der Erde zum
Himmel reichende Stadt vereinigt Himmel und Erde; sie
läßt die Wohnstatt Gottes und der Menschen eins werden.

Die vollendete Lebensgemeinschaft mit Gott scheint
eben der eigentliche Sinngehalt nicht nur des aus dem Himmel von Gott her herabkommenden „neuen Jerusalem",
sondern auch des „neuen Himmels und einer neuen Erde"
zu sein, die Johannes zu Beginn anstelle „des ersten Himmels und der ersten Erde" schaute (21, 1). Handelt es sich
eben doch um zwei Parallelsymbole für dieselbe wunderbare Wirklichkeit der Heilsvollendung? Der Umstand, daß
Johannes nur in seiner Einleitungsvision von „einem neuen
Himmel und einer neuen Erde" sprach, für die später folgende sinnbildliche Ausmalung des Endheils der erlösten
Menschheit sich jedoch ausschließlich der von ihm an
zweiter Stelle geschauten „Stadt" bediente (21, 9–22, 5),
kann diese Vermutung sicher eher bestätigen als widerle-
gen. Das Symbol der Stadt war nicht nur geeigneter für eine
sinnbildliche Beschreibung. Die Verwendung des ersten
Schaubildes hätte Johannes sicher in nicht geringe Verlegenheit gebracht. Er hätte in diesem Fall ja nicht nur „eine
neue Erde", die manche Ausleger unbedingt als realen

Standort des himmlischen Jerusalem ansehen und betont haben möchten, sondern auch „einen neuen Himmel" beschreiben müssen.

Wozu aber eigentlich einen „neuen Himmel", wenn Gott doch unter den Menschen wohnt (21, 3), „der Thron Gottes und des Lammes in der Stadt stehen wird" (22, 3 b), Gott und das Lamm deshalb auch „ihr Tempel" ist (21, 22)? Da der Thron Gottes und des Lammes bei wörtlichem Verständnis „der Stadt" und der „neuen Erde" auf dieser stehen würde, entfiele für den „neuen Himmel" die prominenteste Funktion, die dem bestehenden Himmel nach biblischer Vorstellung zukommt, nämlich der Wohnsitz Gottes, der Ort des thronenden Gottes und des erhöhten Christus zu sein. Ebenso überflüssig ist für unsere Vision ein „neuer Himmel" als Firmament. Kein Wort fällt etwa von einer Verstärkung der am Firmament gedachten Lichtquellen, wie in jüdischen, von alttestamentlichen Stellen inspirierten Apokalypsen zu lesen ist. Sodann ist nicht von „der neuen Erde" die Rede, die weder der Sonne noch des Mondes bedürfe. Die Verheißung, statt der Sonne und des Mondes werde der Herr selbst als „ewiges Licht" leuchten (Jes 60, 19), erfüllt sich speziell in der Stadt und nur für diese: „Und die Stadt bedarf weder der Sonne noch des Mondes, daß sie ihr scheinen. Denn die Herrlichkeit Gottes erleuchtet sie, und ihre Leuchte ist das Lamm" (21, 23; vgl. nochmals 22, 5). Deshalb hat die Stadt, ganz im Gegensatz zu Ezechiels Schau des endzeitlichen Jerusalem, für die der Tempel die weitaus wichtigste Größe der Stadt ist, auch keinen Tempel mehr.

Dafür, daß es unserer Vision nicht auf ein neues physikalisches Universum oder auch nur ein wunderbar erneuertes, vervollkommnetes Universum, für das manche Ausleger entgegen der Untergangsaussage von 21, 1 plädieren, ankommt, dürften sich noch weitere Anhaltspunkte ergeben.

Weder von der „neuen Erde" noch auch nur mit Bezug auf
„die Stadt" sagt Johannes nach dem Beispiel jüdischer Apokalyptiker, es gebe keinerlei todbringende und lebensfeind-
liche Naturkatastrophen mehr wie Erdbeben, Orkane und
Überschwemmungen, tödliche Blitze und vernichtender
Hagel, Glutwinde und überlange Hitzeperioden, die zu gefürchteten Dürrekatastrophen führen. Nach der positiven
Seite wird auch nicht andeutend etwa die jesajanische Verheißung eines Menschen und Tiere umfassenden Friedens
aufgenommen. Ebensowenig ist in den die Paradiesüberlie-
ferung von Genesis 2, 9 f verwendenden Versen 22, 1–2 von
einer „neuen Erde" als dem wiederkehrenden bzw. hinsichtlich der Lebensfülle noch gesteigerten Paradies die Rede.

Der Blick des Sehers ist so sehr ausschließlich auf die
Stadt als Bild der vollerlösten Heilsgemeinde konzentriert,
daß er in Anlehnung an die prophetische Verarbeitung der
Paradiesesüberlieferung (Ez 47, 1–5; Joel 4, 18; Sach 14, 8)
den Strom des Lebenswassers nur in der Stadt fließen sieht.
Weil in unserer Vision Gott selbst und das Lamm an die
Stelle des Tempels treten, entspringt dieser Strom nicht
mehr aus dem Tempel wie an der Kernstelle Ez 47, 1.7.12,
sondern „aus dem Thron Gottes und des Lammes" (22, 1).
Desgleichen läßt der Seher den nach Gen 2, 9; 3, 22 in der
Mitte des Paradieses stehenden Lebensbaum – jetzt freilich
zu einer Allee von Lebensbäumen vervielfacht (vgl. Ez
47, 7.12) – ausschließlich innerhalb der Stadt stehen und
zwölfmal im Jahr Frucht tragen (22, 2). Nicht etwa „eine
neue Erde", sondern ausschließlich die das vollerlöste Gottesvolk symbolisierende „Stadt" wird als wiedergekehrtes
Paradies dargestellt, das schon die jüdische Apokalyptik als
Inbegriff der Unsterblichkeit und des Lebens schlechthin
schilderte.

Unsere Vision kann somit schwerlich als ein klassischer
Beleg der urchristlichen Erwartung eines regelrechten Welt-

untergangs und der nachfolgenden Erschaffung eines neuen Universums gelten. Was hier gesagt wird und nicht weniger das, was nicht gesagt wird, spricht am ehesten für das schon erwähnte symbolische Verständnis. Mit der nur eingangs (21,1) erwähnten Schau „eines neuen Himmels und einer neuen Erde" kann der Seher auf der Bildebene von der letzten Endgerichtsvision (20,11: „... vor seinem [des Thronenden] Anblick flohen die Erde und der Himmel ...") zu unserer Vision von der vollerlösten Heilsgemeinde überleiten und durch die sinnbildlich ausgedrückte Aufhebung der bisherigen Scheidung des Wohnsitzes Gottes und des Wohnsitzes der Menschen schon den Grundgedanken anklingen lassen, den er mittels seines zweiten, zentralen Bildes von der „aus dem Himmel herabkommenden heiligen Stadt" (21,2) ausgiebig entfaltet (21,9–22,5): die jede Vorstellung übersteigende Wirklichkeit der beseligenden Lebensgemeinschaft mit Gott und Christus.

Nun sagt Johannes in freier Abwandlung von Jes 60,3.11 und ähnlichen Stellen aber nicht nur, daß die (Heiden-)Völker im Lichte der Stadt einhergehen, sondern sogar: „und die Könige der Erde bringen ihre Pracht in sie hinein" (21,24); und durch die stets offenstehenden Tore der Stadt (vgl. Jes 60,11 a) „wird man die Pracht und die Schätze der Völker in sie hineinbringen" (21,25 f). Ist dann nicht doch eine physikalische „neue Erde" vorausgesetzt, die sowohl Standort der Stadt als auch Wohnort von zunächst noch außerhalb der Stadt befindlichen Menschen ist? Sicher nicht! Auch hier berechtigt nicht das geringste zur Annahme, in der Vorstellung des Sehers seien „die Könige der Erde" mit allen Schätzen ihrer Völker vor dem Vergehen von Himmel und Erde wunderbar auf eine neue Erde versetzt worden.

Der genannte Eindruck rührt daher, daß Johannes, wie schon in seiner früheren Deutung (21,3–8) der beiden Parallelsymbole, voraussagende Schriftworte verwendet. An

dieser Stelle sind es die bekannten Verheißungen von der
Völkerwallfahrt auf den Zion, die sich im Alten Testament
auf die zukünftige Herrlichkeit des irdischen Jerusalems be-
ziehen (Jes 60, 1–11; Ps 72, 10). Für das alttestamentliche
Gesichtsfeld befinden sich die Könige der Erde freilich eindeutig auf der bestehenden Erde. Auf diese Lokalisierung
kommt es Johannes in diesem Visionsbild aber sowenig an
wie auf ein wörtliches, materielles Verständnis der einzubringenden Kostbarkeiten. Und schon gar nicht darf man
ihn fragen, wieso nach den vorhergehenden Endgerichtsvi-
sionen „die Könige der Erde" nochmals auftauchen können,
woher diese Könige und die einzubringenden Kostbarkeiten
der Völker kommen. Eben weil er Schriftworte zitiert.

Die Erfüllung der von ihm zitierten Verheißung von der
endzeitlichen Völkerwallfahrt dient ihm als Sinnbild der
Universalität und wohl auch des vollkommenen Friedens
der Stadt = der vollendeten Heilsgemeinde. Denn auch die
Unterscheidung von Herrschenden und Beherrschten wird
es nicht mehr geben – im Unterschied freilich zur Unterscheidung zwischen den Bewohnern der Stadt und den von
diesen ausgeschlossenen „Greueltätern und Lügnern", womit der engagierte Prediger nochmals vor der Sünde des Kaiserkultes warnen will (21, 27). Wie die Schlußpassage versichert, werden ausnahmslos alle Bewohner der Stadt in der
Anschauung Gottes und des Lammes als „seine (Gottes und
des Lammes) Knechte ihm dienen" und „werden sie herrschen in alle Ewigkeit" (22, 3 b–5). Mit dieser abschließenden Umschreibung des Endheils will Johannes seinen
Adressaten nochmals einprägen: Nicht die den Herrscherkult Fordernden, sondern die sich furchtlos zu Gott und
dem Lamm Bekennenden sind zu wahrer Herrschaft berufen.

Formen und Praktiken des totalen Weltstaats und des totalen Weltgeistes wechseln in der Geschichte. Was sich

ebenso durchhält, ist die Bedrängnis der Christusgläubigen, die sich bis zur Forderung des Zeugentodes steigern kann. Am Ende aber wird der Sieg der Sache Gottes und seines Christus stehen! Das ist die Botschaft, die unsere Apokalypse in typisch prophetischer Verkürzung der zeitlichen Perspektive der Kirche aller Zeiten verkündet.

Der Buchschluß: 22, 6–21

Dem „Vorwort" (1, 1–3) des Buches entspricht eine Art „Nachwort", das die Übergabe des Buches an die Gemeinden vorbereiten will. Dieses Nachwort kann den Leser zunächst verwirren, weil bei einigen Versen nicht ohne weiteres ersichtlich ist, wer der Sprecher ist. Manche Ausleger vermissen eine geordnete Gedankenfolge und meinen deshalb, der Buchschluß sei von „verschiedenen Händen" gestaltet worden (H. Kraft), was sich indes schwerlich zwingend begründen läßt.

Die ersten vier Verse (6–9) erinnern uns an eine frühere Szene: Dem Jubel des Himmels über das an „der großen Hure" = „der großen (Stadt) Babylon" ergangene Gericht folgte die Versicherung eines Engels: „Dies sind die wahrhaftigen Worte Gottes" (vgl. mit V 6). Daraufhin fiel der Seher dem Engel zu Füßen, um ihn anzubeten (19,9 c–10). Dasselbe scenario des Verbots an Johannes, den himmlische Offenbarung vermittelnden Engel anzubeten, kehrt hier (V 6–9) in erweiterter Gestalt wieder, nachdem der Seher zuvor von einem Engel das herrliche Endheil der Gegengröße, nämlich „der Frau des Lammes" = „der heiligen Stadt, Jerusalem", gezeigt bekam (21,9–22,5).

Diese neue Version der zwischen dem Engel und Johannes spielenden Szene hat eine doppelte Funktion. Sie markiert den Abschluß der voraufgehenden Vision von der heiligen Stadt und leitet zugleich das Schlußwort zum ganzen Buch ein. Bereits mit dem Satz: Gott, dessen Geist in den Propheten redet, „hat seinen Engel gesandt, um seinen

Knechten zu zeigen, was bald geschehen muß" (V 6), weist
der hier sprechende Engel auf das „Vorwort" (1, 1) zurück.
Er will allem nach als der dort genannte Engel verstanden
werden, durch den Jesus Christus die von Gott empfangene
Offenbarung dem Johannes und allen Gläubigen zuteil werden ließ (1, 1). Im Hinblick auf diese Funktion, das Zeugnis
Christi kundzutun, ist der jetzt genannte Engel möglicherweise als Sprecher des „Und siehe, ich komme bald" (V 7 a)
vorgestellt – sofern diese Parusiezusage nicht als vom erhöhten Herrn selbst eingefügte Bestätigung des „was bald
geschehen muß" gemeint ist. Wie in der früheren Szene
(19, 10) stellt sich der Engel auch hier als bloß geschöpfli-
ches Instrument der Offenbarungsvermittlung auf eine
Stufe mit dem Propheten Johannes, wodurch an unserer
Stelle aber nun der Inhalt des ganzen Buches als echte Prophetie bestätigt werden soll (V 9). Dem entspricht ein weiteres neues Moment. Der Engel stellt sich jetzt nicht nur Johannes und den übrigen christlichen Propheten, sondern
auch „denen" zur Seite, „die sich an die Worte dieses Buches halten" (V 9 b). Dadurch werden ausdrücklich auch
alle Gläubigen als Empfänger der Botschaft des Buches einbezogen und auf ihre prophetische Aufgabe angesprochen:
Alle Gläubigen müssen sich in dieser widrigen Welt als
Zeugen Christi bewähren, um das Heil zu erlangen. Wie
schon im „Vorwort" (1, 3) wird deshalb auch hier seligge-
priesen, „wer an den prophetischen Worten dieses Buches
festhält" (V 7 b), das heißt: wer sich diese Prophetie zu Herzen nimmt und sich in seinen Lebensentscheidungen nach
derselben richtet.

Außer der Beglaubigung der Wahrheit des Buchinhalts
ist unserem Nachwort nicht zuletzt der Hinweis auf die
drängende Nähe des Gerichts und der Heilsvollendung an-
gelegen. Das entspricht nun einmal der aller apokalyptischen Verkündigung eigenen Verkürzung der zeitlichen

Perspektive. Wie die Verfasser alttestamentlicher und früh-
jüdischer Apokalypsen will auch unser christlicher Apokalyptiker die Gläubigen dazu anleiten, die bedrängende Situation der Gegenwart und die von ihr geforderten Entscheidungen im Lichte des Endes der Geschichte, des letzten
Wortes Gottes und seines Christus zu sehen und zu treffen.
Deshalb wurde der spezifische Inhalt des Buches zurück-
blickend nochmals mit jenem „was bald geschehen muß"
des Vorworts zusammengefaßt (V 6). Der unter dem Namen des längst verstorbenen Propheten Daniel schreibende
Verfasser der Daniel-Apokalypse wollte einst den Befehl erhalten haben, das Buch zu versiegeln „bis zur Zeit des Endes" (Dan 12, 4.9). Im Gegensatz dazu soll der Prophet Johannes, der ja unter seinem wirklichen Namen schreibt,
das Buch mit seinen prophetischen Worten nicht versiegeln, also nicht geheimhalten, sondern den Gemeinden
weitergeben (vgl. 1, 3), weil „die Zeit nahe ist" (V 10) und in
der sich anzeigenden „großen Bedrängnis" (7, 14) die große
Scheidung zwischen den Menschen (vgl. Ez 3, 27; Dan
12, 9 f) bereits anhebt (V 11).

Damit tritt der Engel und Johannes von der Bühne ab,
und fortan – wie sollte es in einer Apokalypse, die sich als
„Offenbarung Jesu Christ" betitelt (1, 1), anders sein! – hat
der Hauptakteur des göttlichen Heilsunternehmens das
Wort (V 12–20 a). „Siehe, ich komme bald" (V 12 a). In freier
Verwendung von Jes 40, 10 G verheißt der erhöhte Herr
seine baldige Ankunft, um einem jeden nach der Gesamtheit seiner Entscheidungen zu vergelten (V 12 b), und zwar
in unbeschränkt göttlicher Vollmacht; das will die Selbst-
prädizierung Christi mit den Gottesprädikaten von 1, 8 und
21, 6 unterstreichen (V 13). Aus seinem Mund ergeht auch
die letzte der sieben Seligpreisungen unseres Buches (V 14),
die wie die angeschlossene Liste der von „der Stadt" Ausgeschlossenen (vgl. V 15 mit 21, 8) die Gläubigen nochmals

eindringlich zur Wahrung der Taufgnade und zur Bereitschaft für das Kommen des Herrn aufruft. Mit dem Schmähwort „Hunde" sind hier zu Beginn des Lasterkatalogs von Vers 15 vor allem abgefallene Christen und Irrlehrer gemeint.

Nachdem sich zuvor Johannes für die Treue seiner Darstellung verbürgt hatte – „Und ich, Johannes, bin es, der dieses hörte und sah" (V 8 a) –, erfolgt die höhere und höchste Authentifizierung des Buches durch den abschließenden Offenbarer Gottes selbst: „Ich, Jesus, habe meinen Engel" als Vermittler und Deuter der Prophetie „gesandt, um euch dies für die Gemeinden zu bezeugen" (V 16 a). Dazu ist der erhöhte Herr der Kirche bevollmächtigt. Er ist ja der, der als Erfüller der Heilsprophetie den Tag des Heils heraufführt, wie er mit einem weiteren Ich-Wort versichert: „Ich bin die Wurzel und der Stamm Davids, der strahlende Morgenstern" (V 16 b).

Dieser Ausblick läßt „den Geist und die Braut", die vom prophetischen Geist inspirierte Kirche auf Erden, erwartungsvoll den Gebetsruf um das Kommen Christi aufnehmen und jeden „Dürstenden" dazu einladen, „umsonst das Wasser des Lebens" (Sach 14, 8) zu empfangen (V 17). „Jedem, der im Glauben herzukommt, soll jetzt bereits die Gabe des Lebens, die Christus schenkt, zuteil werden" (E. Lohse).

Die abschließende Bezeugung der Wahrheit des Buches durch den erhöhten Christus richtet sich an die Adresse der Hörer und Leser (V 18–19). Die Androhung der entsprechenden Bestrafung für den, der den prophetischen Worten des Buches „etwas hinzufügt" oder „etwas wegnimmt", also streicht, ist hier mehr als literarische Konvention. Sie bekundet den unüberhörbaren Anspruch, daß die Apokalypse wie die Schriften der alttestamentlichen Propheten als heilige Schrift zu werten und im Gottesdienst zu verlesen ist.

Einleitend mit dem bekräftigenden „Ja", läßt der Seher
Christus nun ein drittes und letztes Mal das „ich komme
bald!" sprechen. Und die zur Feier des Herrenmahls versammelte Gemeinde nimmt die Zusage mit dem ebenfalls bekräftigenden „Amen" bittend auf: „Amen, komm, Herr Jesus!" (V 20). Der dem Schlußgruß der Paulusbriefe nachgebildete Gnadenwunsch (V 21) erinnert nicht nur daran, daß
Johannes sein Buch, das wohl die erste selbständige christliche Apokalypse darstellte, in die anerkannte Form des apostolischen Briefes kleidete (vgl. 1, 4–8). Auch dieser Segenswunsch „Die Gnade des Herrn Jesus sei mit allen" weist auf
den Gemeindegottesdienst hin, in dem das Buch verlesen
werden soll. Stets wird es der erleuchtenden und bestärkenden Gnade des Herrn der Kirche bedürfen, damit der uralte
Flehruf das zentrale Gebetsanliegen lebendigen christlichen
Glaubens bleibe: „Komm, Herr Jesus!"

Vom gleichen Autor bereits im Verlag Herder erschienen:

Was ist Frieden?

Orientierungshilfen aus dem Neuen Testament

„Das Buch Vögtles ist vorzüglich geeignet, die Friedensdiskussion psychologisch, politisch und vor allem theologisch zu versachlichen. Er hält sich streng an den biblischen Text. Es ist offenbar ein existentielles Anliegen Vögtles, zu zeigen, daß Friede und Reich Gottes eschatologische Kategorien sind und keine real-politischen. Das hat natürlich Zeloten zur Zeit Jesu genauso enttäuscht wie manche Übereifrige der Gegenwart" (Neue Zürcher Zeitung).

„Ein eindrucksvoller, notwendiger und klärender Beitrag in der Diskussion der vielschichtigen Friedensproblematik" (Bücherbord).

„Dieses Buch bringt Licht und Klarheit in die Auseinandersetzungen um den Stellenwert des Neuen Testamentes in Sachen Frieden und Friedenshandeln der Christen" (Appels et projets, Luxemburg).

3. Auflage. 168 Seiten, Paperback. ISBN 3-451-19699-9

Verlag Herder Freiburg · Basel · Wien

Anton Vögtle

Was Ostern bedeutet
Meditation zu Mattäus 28, 16–20

„Hier hat ein Meister der kritischen Jesus- und Evangelien-
forschung sich die Aufgabe gestellt, das Kardinalthema der
christlichen Verkündigung – auf einem hohen theologischen Niveau, zugleich aber in einer verständlichen und lebendigen Sprache und in klarer Übersichtlichkeit und
Durchschaubarkeit meditativ zu erschließen."

Publik-Forum

„In diesem Büchlein werden die letzten Worte des Mat-
täus-Evangeliums sehr ausführlich durchleuchtet; dies geschieht mit jener Ergriffenheit, die diesem ‚Testament Jesu'
entspricht, und man ist Seite um Seite darüber erstaunt,
welche Facetten sich in diesem Sendungsauftrag voneinander abheben lassen."

Österreichisches Klerusblatt

„Dieses Buch verwertet die Ergebnisse der modernen Ex-
egese vorbildlich für das religiöse Leben des heutigen Christen und zeigt ihm den Reichtum der Gnade Gottes."

Rheinischer Merkur

5. Auflage 1985. 108 Seiten, kartoniert.
ISBN 3-451-17539-8

Verlag Herder Freiburg · Basel · Wien